Learn Albanian
Mësoni Shqip

Chris Alderman

Learn Albanian
Mësoni Shqip

An Introduction to Albanian Grammar

Third Edition

by

Çezar Kurti

LEGAS

Learn Albanian-Mësoni Shqip: An Intoduction to Albanian Grammar by Çezar Kurti
Second Edition- 2004
Third Edition- 2006
ISBN 1-881901-09-2

Printed and bound in Canada

Acknowledgments

   The author thanks Ms. Shelly Hanssen, Mr. Joseph Finora, Mr.Isuf Hajrizi and Mr. Petrit Bardhi for digitizing the lessons which appeared periodically in the Albanian-American newspaper *Illyria*.

For information and for orders write to

Legas

PO Box 149
Mineola, NY 11501
USA

3 Wood Aster Bay
Ottawa, Ontario
Canada K2R 1D3

legaspublishing.com

Dedicated to my parents and my sister Bardha

TABLE OF CONTENTS

I. Marini shpie të ëmën tek mjeku - *Marin Brings His Mother to the Doctor*
II. Grammar: A. The Dative Case of the Definite Nouns B. The Abbreviated
Forms of the Personal Pronouns

I. Në librari - *In the bookstore* II. Grammar: The Contractions of Abbreviated
Forms of the Personal Pronouns

I. Në postë - *In the Post Office* II. Grammar: A. Imperfect of Indicative B.
Imperfect of Subjunctive

I. Në dyqanin e veshjeve për burra - *In the Men's Clothing Department*
II. Grammar: Subjunctive with the Abbreviated Forms of the Personal
Prononuns in the Dative and Accusative Cases

I. Xhoni në Universitetin e Tiranës - *John at the University of Tirane*
II. Grammar: The Ablative Case

I. Xhoni nuk e ndien veten mirë - *John Does not Feel Well* II. Grammar: A.
Imperative B. Imperative with the Abbreviated Forms of the Personal Pronouns

I. Marini shqetësohet për shëndetin e Xhonit - *Marin Worries about John's
Health* II. Grammar: A. The Participle B. Present Perfect of the Indicative

I. Në Bibliotekën Kombëtare - *In the National Library* II. Grammar: A.
Relative Pronouns B. The Declension of the Relative Pronouns

I. Zana fton Xhonin dhe Marinin në koncert - *Zana invites John and Marin to
Go to a Concert* II. The Indefinite Nouns in the Genitive and Dative Cases

I. Xhoni dhe Marini shkojnë në Durrës - *John and Marin Go to Durres*
II. Grammar: The Infinitive

I. Xhoni dhe Marini në det - *John and Marin at the Sea* II. Grammar: The
Infinitive with the Abbreviated Forms of the Personal Pronouns

I. Marini dhe Xhoni në një dasëm - *Marin and John at a Wedding Ceremony*
II. Grammar: The Past Perfect tense of the Indicative

I. Si më pëlqen ta kaloj kohën e lirë - *How I Like to Spend My Spare Time*
II. Grammar: Declension of the Nouns with Possessive Pronouns

I. O malet e Shqipërisë - *You, Mountains of Albania* II. Grammar: Declension
of Nouns with the Adjective

Preface

The objective of *"Learn Albanian"* is for English-speaking students to obtain a practical use of modern Albanian in everyday situations.

"Learn Albanian" consists of 40 lessons.

Instruction often uses dialogues, including the most commonly used Albanian words and expressions.

The grammar is treated simply, systematically and considers the similarities and differences between the two languages.

Çezar Kurti

A BRIEF HISTORY OF THE ALBANIAN LANGUAGE

The Albanian language belongs to the Indo-European family of languages but has its own specifics, similar to Greek or Armenian, which means it does not have any direct similarities with other languages in the same family.

The Albanian language is spoken by Albanians who descend from the ancient Illyrian tribes that occupied the western part of the Balkan peninsula. It is recognized to be the continuation of the Illyrian language. Unfortunately, there are no written documents to prove this theory so the connection between the two languages is only indirectly supported through the names of people, places and historical studies.

The first document in written Albanian dates from the 16th century when the book, *Meshari* by Gjon Buzuku, was published in 1555.

During the middle-ages, there was a large exodus of Albanians into Greece, where today, an archaic dialect of Albanian is still spoken. The Albanian language was also spoken in the Chameria region of northern Greece, but due to the ethnic cleansing of Albanians by Greeks there, many Albanians took refuge in Turkey or returned to Albania. The remaining population has been forbidden to speak Albanian.

After the death of the great Albanian national hero, Skenderbeg, and the occupation of Albania by the Ottoman Empire (15th century), thousands of Albanians migrated to southern Italy and Sicily. Today, some 200,000 Albanians called *Arbëresh* remain there and speak a very old Albanian dialect.

The national literary Albanian language was formed during the middle of the last century. At that time, there were two main dialects used: the northern dialect, *Gege*, and the southern dialect, *Tosk*.

Both dialects were incorporated into one in 1972 during a language congress held in Tirane where most of the *Gege* dialect was incorporated into the *Tosk* dialect and was declared the official, unified Albanian language and was subsequently accepted by all Albanians of the former Yugoslavia.

Where is the Albanian language spoken today? Today, the Albanian language is spoken in Albania and within the ethnic Albanian areas of Northern Greece and the former Yugoslavia, such as Kosovo, Macedonia, Montenegro and South Serbia. But in these regions, where the old chauvinistic policies are a way of life, the Albanian language has suffered setbacks as a result of the widespread discrimination against Albanians. Recently the World has become the witness of the barbarian atrocities by the chauvinistic regime of Serbia against ethnic Albanian population in Kosovo.

MËSIMI I PARË - LESSON 1

A. THE LETTERS OF THE ALBANIAN ALPHABET AND THEIR PRONUNCIATION

The Albanian language uses the Latin alphabet. There are 36 letters that correspond to the 36 sounds (7 vowels and 29 consonants). Seven of them (**dh, gj, nj, dh, th, xh, zh**) are letter combinations. Unlike many European languages, Albanian words have no silent letters and letters are pronounced only one way. The correct pronunciation of the letters, therefore, provides the right pronunciation of the words.

THE LETTERS OF THE ALBANIAN ALPHABET ARE:

a, b, c, ç, d, dh, e, ë, f, g, gj, h, i, j, k, l, ll, m, n, nj, o, p, q, r, rr, s, sh, t, th, u, v, x, xh, y, z, zh

1. THE PRONUNCIATION OF THE VOWELS

The vowels **a, e, ë, i, o, u, y** are pronounced like their English equivalents in the following words:

a - babà (father) - like a in father,
e - metàl (metal) - like **e** in metal,
ë - nënë (mother) - like **u** in nurse,
i - mìrë (good)- like **i** in image,
o - òpera (opera)- like **o** in opera,
u - frut (fruit) - like **oo** in food,
y - i dytë (second) - like **u** in use

2. THE PRONUNCIATION OF THE CONSONANTS

The consonants **b, c, ç, d, dh, f, g, gj, h, j, k, l, ll, m, n, nj, p, q, r, rr, s, sh, t, th, v, x, xh, z , zh** in most cases are pronounced like their English equivalents in these words:

b - babà (father) - like **b** in ballad,
c - cigàre (cigarette) - like **ts** in tsar,
ç - çaj (tea) - like **ch** in much,
d - dàjë (uncle) - like **d** in detail,
dh - dhòmë (room) - like **th** in their,
f - fabrìkë (factory) - like **f** in false,
g - gur (stone), - like **g** in game,
gj - gjùhë (language) - there is no sound like this in English, but you can pronounce it like **gi** in give.
h - hàrtë (map) - like **h** in hard,

13

j - **j**ètë (life) - like **y** in **y**acht,
k - **k**arvàn (convoy) - like **c** in **c**amera,
l - **l**egjèndë (legend) - like **l** in **l**iver,
ll - **ll**otarì (lottery) - like **ll** in hi**ll**,
m - **m**amà (mother) - like **m** in **m**atch,
n - **n**ormàl (normaly) - like **n** in **n**urse,
nj - **nj**erì (men) - like **ni**- or **ny**- in o**ni**on or ca**ny**on,
p - **p**artì (party) - like **p** in **p**artner,
q - **q**àrtë (clearly) - there is no sound like this in English, but
you can pronounce it like **cky** (kj) in sto**cky**ard.
r - **r**eaksiòn (reaction) - like **r** in **r**obot,
rr - **rr**òtë (wheel) - like **rr** in "hu**rr**ah,"
s - **s**andàle (sandal) - like **s** in **s**ide,
sh - **sh**kòllë (school) - like **sh** in **sh**op,
t - **t**itull (title) - like **t** in **t**ime,
th - **th**ùa (nail) - like **th** in **th**ief,
v - **v**èrë (summer) - like **v** in **v**ague,
z - **z**èmër (heart) - like **z** in **z**enith,
zh - **zh**ùrmë (noise) - like **s** in vi**s**ion,
x - n**x**ënës (pupil) - like **z** in **z**ebra ,
xh - **xh**akètë (jacket) - like **j** in **j**olly,

Usually *the accent* falls on the next-to-the-last syllable and remains unchangeable, for example: **shkòllë** (school), **zèmër** (heart), **jètë** (life), **tìtull** (title), **vèrë** (summer).

B. PËRSHËNDETJET - *THE GREETINGS*

We will begin with useful Albanian greetings and their English equivalents. The most common greeting expression is *Tungjatjeta — Hello* (literally, long life to you).

Here are other greetings:

Mirëmëngjes - Good morning!
Mirëdita - Good afternoon!
Ditën e mirë - Have a nice day!
Mirëmbrëma - Good evening!
Natën e mirë - Good night!
Mirupafshim - Good bye!
Lamtumirë - Farewell!
Si jeni? - How are you? How do you do?
Shumë mirë - Very well!
Falemnderit - Thank you!

EXERCISE 1.

Repeat these greetings: Tungjatjeta, Mirëdita etc.

EXERCISE 2.

Try to read this dialogue:

In the morning:

    Zana - Mirëmëngjes, zoti Smith (Mr. Smith

    Xhoni - Mirëmëngjes, zonjusha Kodra (Miss Kodra).

During the day:

    Zana - Mirëdita, zoti Smith.

    Xhoni - Mirëdita, zonjusha Kodra.

    Zana - Si jeni?

    Xhoni - Falemnderit, shumë mirë. Po ju si jeni?

    Zana - Shumë mirë. Ditën e mirë, zoti Smith.

    Xhoni - Ditën e mirë, zonjusha Kodra.

In the evening:

    Zana - Mirëmbrëma, zoti Smith.

    Xhoni - Mirëmbrëma, zonjusha Kodra.

    Zana - Si jeni, zoti Smith?

    Xhoni - Shumë mirë, falemnderit. Po ju si jeni?

    Zana - Shumë mirë. Natën e mirë, zoti Smith.

    Xhoni - Natën e mirë, zonjusha Kodra.

You can use these greetings any time of the day:

    Zana - Tungjatjeta, zoti Smith.

    Xhoni - Tungjatjeta, zonjusha Kodra.

    Zana - Mirupafshim, zoti Smith.

    Xhoni - Mirupafshim, zonjusha Kodra.

"Tungjatjeta" may be used instead of *"Mirupafshim!"* (See you again!).

The monument to Gjergj Kastrioti - Skanderbeg in Kruje.

MËSIMI I DYTË - LESSON 2

I. NJOHJA - *INTRODUCTION (I)*

A.

Zana - Tungjatjeta! *(Hello, how are you?)*

Marini - Tungjatjeta! *(Hello, how are you?)*

Zana - Unë jam shqiptare. Më quajnë Zana Kodra. Po ju kush jeni, ju lutem?
(I am an Albanian. My name is Zana Kodra. What is your name, please?)

Marini - Unë jam shqiptar. Më quajnë Marin Drini. *(I am an Albanian. My
name is Marin Drini)*

Zana - Po ai kush është? *(And who is he?)*

Marini - Ai është amerikan, e quajnë Xhon Smith. *(He is an American; his
name is John Smith).*

Zana - Po ajo amerikane është? *(Is she an American as well?)*

Marini - Po, edhe ajo është amerikane, e quajnë Ana Graham. *(Yes, she is an
American too, her name is Anna Graham)*

Zana - Po ata kush janë? *(And who are they?)*

Marini - Ata janë anglezë. *(They are English)*

B.

- Tungjatjeta! *(How are you?)*

- Tungjatjeta! *(How are you?)*

- Ju jeni anglez? *(Are you English?)*

- Jo, unë nuk jam anglez, jam amerikan. Më quajnë Xhon Smith.
(No, I am not English, I am American. My name is John Smith.)

- Po ju, amerikane jeni? *(What about you, are you American?)*

- Po, edhe unë amerikane jam. Më quajnë Ana Graham. *(Yes, I am an American
as well. My name is Anna Graham.)*

II. GRAMMAR:

1. PERSONAL PRONOUNS

The personal pronouns in Albanian are:

Singular (Numri njejës)		**Plural** (Numri shumës)	
unë	*I*	ne	*we*
ti	*you*	ju	*you*
ai	*he*	ata	*they (masculine)*
ajo	*she*	ato	*they (feminine))*

2nd person singular **ti** is the familiar form, used when addressing a close friend,
a child, or a member of one's family. The polite form of address is 2nd person
plural **ju**. Notice that the pronoun **unë** (I) is not written with a capital in Albanian.

17

Unlike English, the Albanian has two different forms for the 3rd person plural, respectively, **ata** , which is masculine and **ato**, which is feminine.

2. PRESENT INDICATIVE OF THE VERB JAM (TO BE)

The present indicative of the verb *jam* (to be) is as follows (it is irregular and should be memorized):

Singular		**Plural**	
unë jam	*I am*	ne jemi	*we are*
ti je	*you are*	ju jeni	*you are*
ai është	*he is*	ata janë	*they are (m.)*
ajo është	*she is*	ato janë	*they are (f.)*

The linking verb *jam* is used to form the compound predicate with the nouns (predicate nominatives):

Singular	**Plural**
Unë jam shqiptar *(I am Albanian)*	Ne jemi shqiptarë
Ti je shqiptar	Ju jeni shqiptarë
Ai është shqiptar	Ata janë shqiptarë
Ajo është shqiptare	Ato janë shqiptare

3. THE PLURAL OF SOME MASCULINE AND FEMININE NOUNS

The plural of some masculine nouns is formed by adding **-ë** to the singular, for example: shqiptar- *shqiptarë*, amerikan - *amerikanë*, anglez - *anglezë,* italian - *italianë etc.*

From some masculine nouns in Albanian, you can form the feminine, by adding **-e** to the masculine singular, for example:

Masculine gender	*Feminine gender*
(Gjinia mashkullore)	*(Gjinia femrore)*
shqiptar	shqiptare
amerikan	amerikane
anglez	angleze
italian	italiane
gjerman	gjermane
rus	ruse

The plural feminine nouns have the same ending **-e**, for example: një shqiptare - *disa shqiptare* (an Albanian {woman} - some Albanians {women}). Here are some other examples of plural masculine and feminine nouns:

Masculine	*Feminine*
francezë	franceze
amerikanë	amerikane
anglezë	angleze

anglezë   angleze
italianë   italiane
gjermanë   gjermane
rusë   ruse

EXERCISE 1.

Say the following in Albanian:

He is Albanian. She is Italian. You are American. They are Englishmen. I am German. We are Albanians.

4. INTERROGATIVE SENTENCES WITH THE INTERROGATIVE PRONOUNS

Some interrogative sentences are formed using the interrogative pronouns *Kush ?* (Who?) and *Çfarë?* (What?), and placing the subject after the linking verb *jam*, for example:

A. *Kush?*

Unë jam Xhon Smithi. Kush jam unë?
(I am John Smith. Who am I?)
Ai është Marin Drini. Kush është ai?
(He is Marin Drini. Who is he?)
Ajo është Zana Kodra. Kush është ajo?
(She is Zana Kodra. Who is she?)
Ajo është Ana Graham. Kush është ajo?
(She is Anna Graham. Who is she?)

B. *Çfarë ?*

Marini është shqiptar. Çfarë është Marini?
(Marin is Albanian. What is Marin?)
Zana është shqiptare. Çfarë është Zana?
(Zana is an Albanian. What is she?)
Ana Graham është amerikane. Çfarë është Ana Graham?
(Anna Graham is an American. What is Anna Graham?)
Marini është përkthyes. Çfarë është Marini.
(Marin is a translator. What is Marin?)
Xhon Smithi është gazetar. Çfarë është Xhon Smithi?
(John Smith is a journalist. What is John Smith?)

Note: *Çfarë?* is used when asking about profession, nationality etc.:

EXERCISE 2.

Change the following sentences into interrogatives:
Example: Ai është amerikan. *Çfarë është ai?*
Ajo është italiane. Ata janë amerikanë. Ne jemi anglezë. Ju jeni gjermanë. Unë jam shqiptar. Ti je gazetar. Ti je Marin Drini. Ajo është Zana Kodra. Ju jeni Xhon Smithi.

19

EXERCISE **3.**

Try to form the masculine and femine plural from this masculine nouns in singular:
Example: anglez
     ang, anglezë, angleze

amerikan, shqiptar, rus, italian, francez, gjerman, ukrainas (Ukrainian), hungarez (Hungarian), kanadez (Canadian), europian (European).

5. THE AFFIRMATIVE

The affirmative in Albanian is expressed by the adverb **po** (yes), for example:
     Ju jeni shqiptar? *Po, unë jam shqiptar.*
     (Are you Albanian? Yes, I am Albanian)

Other examples:
     Ata janë amerikanë? *Po, ata janë amerikanë.*
     Ai është gazetar? *Po, ai është gazetar.*
     Ajo është përkthyese? *Po, ajo është përkthyese.*

EXERCISE **4.**

Answer the following questions in the affirmative:
Example: Ai është përkthyes? *Po, ai është përkthyes.*

Ajo është amerikane? Ju jeni anglez? Ata janë gjermanë? Ti je përkthyes? Ai është gazetar?

6. THE NEGATIVE

The negative in Albanian is expressed with the help of adverbs **jo** (no) and **nuk** or **s'** *(not). Nuk (s')* is placed before the verb and after subject.
     Ai është amerikan? *Jo, ai nuk është amerikan.*
     (He is american? No, he is not american).
     Ajo është përkthyese? *Jo, ajo nuk është përkthyese.*
     Ata janë gjermanë? *Jo, ata nuk janë gjermanë.*

Note: in spoken Albanian, *nuk* is often dropped from a negative sentence, the *s'* alone suffice to denote negation. For example:
     Ti je amerikan? Jo, unë s'jam amerikan.
     Ajo është përkthyese? Jo, ajo s'është përkthyese.
     Ata janë gjermanë? Jo, ata s'janë gjermanë.

VOCABULARY:

mësimi i dytë - second lesson
njohja - introduction
unë - I
ti - You (singular)
ai - He
ne - We
ju - You (plural)
ata (m.) - They
ato (f.) - They
jam - to be (I am)
shqiptar (m.) - Albanian
anglez - Englishman
angleze - Englishwomen
amerikan (m.) - American
italian (m) - Italian
gjerman (m). - German
francez (m.) - French
rus (m) - Russian
ukrainas (m) - Ukrainian
hungarez (m) - Hungarian

kanadez (m) - Canadian
europian (m) - European
më quajnë - my name is
të quajnë - your name is
e quajnë - his name is
Kush është ai? - Who is he?
Çfarë është ai? - What is he?
po ju - and you?
po - yes
jo - no
Ai nuk (s')është. - He is not (He
isn't)
përkthyes (m.) - translator
përkthyese (f.) - translator
përkthyesë - translators
edhe - as well, and

Albania and the Albanian speaking areas. The settlement of the London Conference (1913) left out of the new boundaries of the Albanian State half of the Albanian population.

MËSIMI I TRETË - LESSON 3

I. NJOHJA - *INTRODUCTION (II)*

A.

Xhon Smithi: - Tungjatjeta, Marin! *(Hello, how are you, Marin!)*

Marin Drini: - Tungjatjeta, Xhon! *(How do you do, John!)*

Xhon Smithi: - Kjo zonjusha kush është? *(Who is this young woman?)*

Marin Drini: - Ah, më falni! Njihuni, ju lutem. Kjo zonjusha është Zana Kodra. Ajo është shqiptare, përkthyese. Zana, ky është zoti Xhon Smith. Ai është amerikan. Ai është gazetar. *(Oh, I beg your pardon! Let me introduce you, please! This young woman is Zana Kodra. She is an Albanian and she is an interpreter. Zana, this gentleman is John Smith. He is an American. He is a reporter.)*

Zana Kodra: - Gëzohem që u njohëm! *(It's my pleasure to meet you.)*

Xhon Smithi: - Gëzohem gjithashtu! *(It's my pleasure, too!)*

Marin Drini: - Zoti Smith di pak shqip. Ai mëson çdo ditë. Unë e ndihmoj. *(Mister Smith has a little knowledge of Albanian. He is learning every day. I am helping him.)*

Zana Kodra: - Sa mirë! Tani më falni, po shkoj. Shoqëroj disa turistë anglezë dhe ata më presin. Mirupafshim! *(Very nice! And now, excuse me, I have to go. I am accompanying some English tourists and they are waiting for me. See you again!)*

Marin Drini: - Mirupafshim, Zana! *(Bye-bye, Zana!)*

Xhon Smithi: - Mirupafshim! *(Good bye!)*

B.

- Kush është kjo zonjushë? *(Who is this young woman?)*

- Kjo është Zana Kodra. *(She is Zana Kodra.)*

- Çfarë është ajo? *(Who is she?)*

- Ajo është shqiptare. Ajo është përkthyese. *(She is an Albanian. She is an interpreter.)*

- Kush është ai zotnia? *(Who is that gentleman?)*

- Ai është Xhon Smith. *(He is John Smith.)*

- Çfarë është ai? *(Who is he?)*

- Ai është amerikan. Ai është gazetar. *(He is American. He is a reporter.)*

II. GRAMMAR

A. THE INDEFINITE FORM OF NOUNS

Albanian nouns have <u>indefinite</u> and <u>definite</u> forms.

In the preceding dialogue we have used the indefinite forms of the nouns as the predicate nominatives:

ajo *është shqiptare, përkthyese* - she is *Albanian, interpreter*

23

The indefinite form of nouns indicates persons or things generally, without distinguishing them from groups of persons or things:

Kush është ai? Ai është *gazetar (një gazetar).*

Who is he? He is *a reporter.*

The indefinite form of the nouns is used with or without the indefinite article *një* (in English *a, an*) in singular:

gazetar - një gazetar- *reporter- a reporter*

and *disa* or *ca* (some) in plural:

gazetarë - disa (ca) gazetarë - *reporters - some reporters*

The plural indefinite form of the noun is formed by adding to the singular indefinite the ending **-ë** or **-a** for masculine and **-e** or **-a** for feminine:

një shok - disa shokë (m.) - *a friend - some friends*

një laps - disa lapsa (m.) - *a pencil - some pencils*

një italjane - disa italjane.(f.) - *an Italian - some Italians*

një dhomë - disa dhoma (f.) - *a room - some rooms*

Here are some more examples:

Singular	Plural
shoqe - një shoqe(f.) *a friend*	shoqe - disa shoqe *some friends*
shqiptar - një shqiptar	shqiptarë - disa shqiptarë
shqiptare - një shqiptare	shqiptare - disa shqiptare
amerikan - një amerikan	amerikanë - disa amerikanë
libër - një libër	libra - disa libra
përkthyese - një përkthyese	përkthyese - disa përkthyese.
mëngjes - një mëngjes	mëngjese - disa mëngjese
ditë - një ditë	ditë - disa ditë

EXERCISE 1.

Change to the indefinite form with the indefinite article:

Examples: libër - *një libër*: (book - a book)

mësim *(lesson)*	shqiptar -	shqiptare -
turist *(tourist)*	amerikan -	amerikane -
fjalë *(word)* -	italian -	italiane -
dhomë *(room)*	anglez -	angleze -

EXERCISE 2.

Change to the indefinite plural form :

Examples: një shok - *disa shokë*, një shoqe - *disa shoqe.*

një shqiptar -	një shqiptare -
një turist -	një turiste -
një gazetar -	një gazetare -
një anglez -	një angleze -
një përkthyes -	një përkthyese

një përkthyes   një përkthyese
një italian   një italiane
një mësim -   një fjalë

B. NUMERALS

The Cardinal numerals are as follows:

një (1)   shtatëmbëdhjetë (17)   tetëdhjetë (80)
dy (2)   tetëmbëdhjetë (18)   nëntëdhjetë (90)
tre (3)   nëntëmbëdhjetë (19)   njëqind (100)
katër (4)   njëzet (20)   njëqind e një (101)
pesë (5)   njëzet e një (21) njëzet   njëqind e dy (102)
gjashtë (6)   e dy (22)   dyqind (200)
shtatë (7)   njëzet e tre (23)   treqind (300)
tetë (8)   njëzet e katër (24)   katërqind (400)
nëntë (9)   njëzet e pesë (25) etj.   pesëqind (500)
dhjetë (10)   tridhjetë (30)   gjashtëqind (600)
njëmbëdhjetë(11)   tridhjetë e një (31)   shtatëqind (700)
dymbëdhjetë (12)   tridhjetë e dy (32) etj.   tetëqind (800)
trembëdhjetë(13)   dyzet (40)   nëntëqind (900)
katërmbëdhjetë (14)   pesëdhjetë (50)   njëmijë (1000)
pesëmbëdhjetë (15)   gjashtëdhjetë (60)   njëmijë e një (1001)
gjashtëmbëhjetë(16)   shtatëdhjet (70)

EXERCISE 3.
Translate into English:

një   gjashtë   dhjetë   pesëmbëdhjetë
njëzet   njëzet e një   tridhjetë   shtatë
trembëdhjetë   dyzet   pesëqind   treqind
pesë   pesëdhjetë   njëmijë

EXERCISE 4.

Translate these cardinal numerals into Albanian:

2, 5, 7, 10, 100, 50, 30, 300, 1000, 101, 8, 18, 6, 60.

25

Vocabulary:

mësimi i tretë - third lesson

po - yes

po ky zotëria kush është - and this gentleman, who is he?

po kjo zonjusha kush është - and this young woman, who is she?

më falni - I beg your pardon, excuse me

ju lutem - please

ky është(m.) - this is

kjo është (f.) - this is

gazetar (m.) - reporter, writer

gazetare (f.) - reporter, writer

gëzohem që u njohëm - It's my pleasure to meet you, I am pleased to know you

gëzohem gjithashtu - I am pleased, too

di shqip - he knows Albanian

pak - a little

mëson - to learn

çdo ditë - every day

ndihmoj - to help

e ndihmoj - I help him

sa mirë - very well, so good

po shkoj - I am going

shoqëroj - to accompany

turist (m.) - tourist

turiste (f.) - tourist

libër - book

laps - pencil

pres - to wait

më presin - they are waiting for me

Note: The vocabulary words are listed not by alphabetical order, but in order of their appearance in the text.

MËSIMI I KATËRT - LESSON 4

I. NË PARK - *IN THE PARK*

A.

Çdo mëngjes Xhon Smithi bën shëtitje në park. Parku ndodhet afër hotelit. Ai është i madh dhe i gjelbër. Xhon Smithi mëson shqip. Çdo ditë ai mëson nga një mësim.

Mësimi i sotëm është i vështirë. Në orën tetë vjen Marini dhe e ndihmon.

B. TRANSLATION:

John Smith takes a walk in the park every morning . The park is near the hotel and it is big and green. John Smith studies Albanian. He studies one lesson a day.

Today's lesson is difficult. Marin Drini came at 8 o'clock to help him with his lesson.

C. QUESTIONS - ANSWERS:

A bën shëtitje Xhon Smithi çdo mëngjes?

Does John Smith take a walk every morning?

- Ku bën shëtitje Xhon Smithi?

Where does John Smith take a walk ?

- Ai bën shëtitje në park çdo mëngjes.

He takes a walk in the park every morning.

- Ku ndodhet parku?

Where is the park?

- Parku ndodhet afër hotelit.

The park is near the hotel.

- A është i madh apo i vogël parku?

Is the park big or small?

- Parku është i madh dhe i gjelbër.

The park is big and green.

- Çfarë mëson Xhon Smithi?

What does John Smith study?

- Xhon Smithi mëson shqip.

John Smith studies Albanian.

- Është i vështirë mësimi i sotëm?

Is today's lesson difficult?

- Po, mësimi i sotëm është i vështirë.

Yes, today's lesson is difficult.

- Në çfarë ore vjen Marini ?

What time does Marin arrive?

- Marini vjen në orën 8.
Marin arrives at 8 o'clock.

II. GRAMMAR:

1. THE DEFINITE FORM OF MASCULINE NOUNS

In the last lesson, we covered the indefinite form of nouns: *shok - një shok - disa (ca) shokë.*

Unlike the indefinite forms, the definite form of nouns is used to individualize a person or thing, distinguishing it from a group of similar persons and things. For example:

Erdhi *një gazetar (indef.). A reporter* came (a reporter unknown to us).
Erdhi *gazetari (def.). The reporter* came (a reporter known to us).

The definite form is made with the articles *i, a* etc. that are placed allways after the noun and are connected directly to the stem of the noun. For example:

gazetar (m.) - një gazetar (indef.) - *gazetari* (def.)
dhomë (f.) - një dhomë (indef.) - *dhoma* (def.).

The definite form of masculine nouns is formed by adding the article -**i** or -**u** . The article is placed after the noun and is connected directly to its stem. Here are some examples with the article - **i**.

mësim	një mësim	mësimi	the lesson
shqiptar	një shqiptar	shqiptari	the Albanian
mëngjes	një mëngjes	mëngjesi	the morning
amerikan	një amerikan	amerikani	the American
gazetar	një gazetar	gazetari	the reporter

The nouns that end in consonants *k, g, h* or in accented vowels *í* and *é* are put in the definite form by adding the article -**u.** For example:

park	një park	parku	the park
shok	një shok	shoku	the comrade
mik	një mik	miku	the friend
zog	një zog	zogu	the beard
krah	një krah	krahu	the wing
arí	një arí	arìu	the bear
njerí	një njerí	njerìu	the men

28

Put these masculine nouns in the definite form:

Examples: turist - një turist - *turisti*

	mësues - një mësues - *mësuesi*
hotel	një hotel -
student	një student -
anglez	një anglez -
gjerman	një gjerman -
francez	një francez -
italian	një italian
ushtrim	një ushtrim -
njerí	një njerí -
dhé	një dhé -

2. INTERROGATIVE SENTENCES WITH INTERROGATIVE ADVERBS

Some interrogative sentences in Albanian are formed with the help of the interrogative adverbs **Kur?** (When), **Ku?** (Where) and **Si?** (How).

For example:

Xhoni shëtit në park çdo mëngjes. **Kur** shëtit Xhoni në Park?

John walks in the park every morning.When does John walk in the park?

Parku ndodhet afër hotelit. **Ku** ndodhet parku?

The park is near the hotel. Where is the park?

Parku është i madh dhe i gjelbër. **Si** është parku?

The park is big and green. How is the park?

III. TELLING TIME.

Sa është ora? *What time is it?*

Ora është nëntë. *It is nine o'clock.*

Ora është nëntë e gjysmë. *It is nine thirty.*

Ora është dhjetë e njëzetepesë (minuta). *It is twenty five minutes past ten.*

Ora është njëmbëdhjetë e dyzet. *It is forty minutes past eleven.*

Ora është dymbëdhjetë fiks. *It is twelve o'clock sharp.*

Ora është dymbëdhjetë e dhjetë. *It is ten minutes past twelve.*

Tani është mesditë. *It is now midday.*

Tani është mesnatë. *It is now midnight.*

Pas një ore. *In one hour (An hour later).*

Pas dhjetë minutash. *In ten minutes.*

Tani. *Now.*

Është herët akoma. *It is still early.*

Është vonë. *It is late.*

Ju lutem, mund të më thoni sa është ora? *Please, can you tell me what time it is?*

Më vjen keq, por nuk mundem. *I am sorry, but I cannot.*

Ora ime ka mbetur. *My watch has stopped working.*
Ora ime shkon përpara. *My watch is fast.*
Në çfarë ore (Në ç'orë)? *At what time? When?*
Në orën një. *At one o'clock.*
Në orën nëntë të mbrëmjes. *At ten o'clock in the evening.*
Në orën dy të natës. *At two o'clock at night.*

EXERCISE 2.

Translate this dialogue into English:
- Po shkojmë në teatër sot.
- Në ç'orë?
- Në orën shtatë të mbrëmjes.
- Tani është ora pesë e mbrëmjes. Mos është vonë për biletat?
- Jo, jemi në kohë.
- Mirë, shkojmë.

Note: the nouns are placed in vocabolary in the indefinite and definite form, for example: *mëngjes-i, shok-u* , sekond/ë-a etc.

VOCABULARY:

mëngjes, -i - morning
çdo mëngjes - every morning
bëj shëtitje - to take a walk
në park - in the park
hotel, -i - hotel
ndodhet - to be located
afër - near
i(e) madh - big
i (e) gjelbër - green
mësoj - to study, to learn
shqip - Albanian
ditë, -a - day
çdo ditë - every day
nga një mësim - one lesson at a time
vij - vjen - to come
ndihmoj - to help
kur - when
ku - where
si - how
shok-u - friend, comrade

mik, -u - friend, fellow, mate
zog, -u - bird
krah, -u - arm
njerí, -u - man
atdhé, -u - homeland
mësues, -i (m.) - teacher
mësues/e, -ja (f.) - teacher
dhe - and
fjalor, -i - vocabulary
or/ë, -a - watch, hour, time
minut/ë, -a - minute
sekond/ë, -a - second
sa është ora? - what time is it?
mbrëmje, -a - evening
mesditë, a - noon, midday
mesnatë, -a - midnight
tani - now
është vonë - it is late
është herët - it is early
në kohë - on time
i sotëm - today's, contemporary

30

The Castle of Ali Pasha of Tepelena, Porto Palermo.

MËSIMI I PESTË - LESSON 5

I. NË HOTEL - *IN THE HOTEL*

A.

Xhon Smithi ka zënë vend në hotel "Tirana". Ai ka një dhomë në katin e tretë. Dhoma ka një dritare. Dritarja sheh nga parku, ajo nuk ka pamje nga qyteti.

Xhon Smithi është gazetar amerikan. Ai banon në Nju Jork, por ndodhet për disa ditë me punë në Tiranë. Këtu ai ka një shok. Shoku quhet Marin Drini. Në hotel ka shumë turistë.

B. TRANSLATION:

John Smith is staying at the Hotel Tirana. His room is on the third floor. The room has a window. The window looks out onto the park, but does not have a view of the city.

John Smith is an American journalist. He lives in New York, but he is now on business for a few days in Tirane. He has a friend here. His friend's name is Marin Drini. There are many tourists in the hotel.

C. QUESTIONS - ANSWERS:

- Kush është Xhon Smithi? *Who is John Smith ?*
- Xhon Smithi është gazetar amerikan. *John Smith is an American journalist.*
- Ku ka zënë vend ai? *Where is he staying?*
- Ai ka zënë vend në hotel "Tirana" *He is staying at the Hotel Tirana.*
- A ka dhomë ai në hotel? *Does he have a room in the hotel?*
- Po, ai ka një dhomë në hotel. *Yes, he has a room in the hotel*
- A ka dhoma pamje nga qyteti? *Does the room have a city view?*
- Jo, dhoma s' ka pamje nga qyteti. *No, the room does not have a city view.*
- Ka shumë turistë në hotel? *Are there many tourists in the hotel?*
- Po, në hotel ka shumë turistë. *Yes, there are many tourists in the hotel.*

II. GRAMMAR

1. PRESENT INDICATIVE OF THE VERB KAM (TO HAVE):

The present indicative of the verb *kam* (to have) is as follows:

Singular		Plural	
unë kam	*I have*	ne kemi	*we have*
ti ke	*you have*	ju keni	*you have*
ai ka	*he has*	ata kanë	*they have*
ajo ka	*she has*	ato kanë	*they have*

EXERCISE 1.
*Note the use of verb **kam** :*
A. Unë kam një libër - *I have a book.*

Ti ke një fletore - *You have a notebook.*

    Xhon Smithi ka një shok. *John Smith has a friend.*

    Ai ka një dhomë në hotel. *He has a room in the hotel.*

    Dhoma ka pamje nga parku. *The room has a view of the park.*

B. Çfarë keni ju? Unë kam një libër.

What do you have? I have a book.

    Keni ju shokë këtu? Po, unë kam një shok këtu.

Do you have friends here? Yes, I have a friend here.

    Ka dhoma dritare? Po, dhoma ka një dritare.

Does the room have windows? Yes, the room has a window.

    A keni ju makinë? Jo, unë nuk kam makinë.

Do you have a car? No, I do not have a car.

    Ka Marini shokë? Jo, Marini s'ka shokë.

Does Marin have friends ? No, Marin does not have friends.

    Ka ajo libër? Jo, ajo nuk ka libër.

Does she have a book? No, she does not have a book.

    Kanë ata gazetë? Jo, ata nuk kanë gazetë.

Do they have a newspaper? No, they do not have a newspaper.

To express negation you must put before the verb the adverb nuk or s' (not)) - nuk kam, s'kam:

    Keni libër? Jo, nuk kam (s'kam) libër.

    Do you have a book? No, I do not have a book.

EXERCISE 2.

    Translate into Albanian:

    I do not have a friend. She has a dictionary. He has a car. We have a newspaper. You don't have a pencil.

2. THE DEFINITE FORM OF FEMININE SINGULAR NOUNS

The definite form of feminine singular nouns is formed as follows:

A. *Singular feminine nouns with the indefinite ending -ë are changed to definite by replacing the -ë with -a. For example:*

dhomë	një dhomë	dhoma	the room
punë	një punë	puna	the work (job)
ditë	një ditë	dita	the day
natë	një natë	nata	the night

B. *Singular feminine nouns with indefinite ending -e are changed to definite by dropping -e and taking -ja, for example:*

shoqe	një shoqe	shoqja	the friend
fletore	një fletore	fletorja	the notebook
dëgjuese	një dëgjuese	dëgjuesja	the listener
shqiptare	një shqiptare	shqiptarja	the Albanian
amerikane	një amerikane	amerikanja	the American

EXERCISE 3.

Change the following feminine indefinite nouns into the definite form:

Example:	italiane	një italiane	*italianja*
	franceze	angleze	mesditë
	mesnatë	pamje	gazetare
	përkthyese	mësuese	këngë

3. DEMONSTRATIVE PRONOUNS

The demonstrative pronouns **ky** *(this - m. s.)*, **kjo** *(this - f. s.)*, **këta** *(these - m. pl.)*, **këto** *(these - f. pl.)* indicate persons or things that are nearby.

Ky është Marini *(This is Marin, m.s.)*
Kjo është Zana. *(This is Zana, f. s.)*
Këta janë turistë. *(These are tourists, m.pl.)*
Këto janë fjalë. *(These are words, f. s.pl.)*

To indicate definite persons or things the demonstrative pronouns **ai** *(he)*, **ajo** *(she)*, **ata** *(they, m. pl.)*, **ato** *(they, f. pl.)* are used. They are the same as the personal pronouns **ai, ajo, ata, ato:**

Ai shoku (m. s.)	*That friend.*
Ata mësuesit (m. pl.).	*Those teachers.*
Ajo vajza (f. pl.)	*That girl*
Ato mësueset(f. pl.)	*Those teachers*

Sometimes the demonstrative pronouns are used with the adverbs *këtu* (**here**) and *atje* (**there**):

Ky këtu.(m.) - This one here	Kjo këtu.(f.) - This one here
Këta këtu (m) - These ones here	Këto këtu.(f.) - These ones here
Ai atje (m.) - that one there	Ajo atje (f.) - that one there

Often they are used with the nouns like adjectives, for example:

Ky student. *This student, (m.s.)* Kjo studente *This student, (f.s.)*
Këta turistë. *These tourists, (m. pl.)* Këto turiste. *These tourists, (f. pl.)*

EXERCISE 4.

Translate into English:

Kjo dhoma këtu.   Ajo vajza atje.

Këta shokët këtu.   Ato shoqet atje.

Këto turistet këtu.   Ato turistet atje.

Ky përkthyesi këtu.   Ai gazetari atje.

EXERCISE 5.

Translate the following dialogue into English:

- Kush është ky djaloshi këtu?
- Ky është Marin Drini. Ai është shqiptar. Ai është përkthyes.
- Po ai zotnia atje kush është?
-Ai është zoti Xhon Smith. Ai është amerikan. Ai është gazetar.
- Po ajo zonjusha atje kush është?
-Ajo zonjusha atje është Ana Graham. Ajo është amerikane. Ajo është turiste.

VOCABULARY:

ka zënë vend - is settled, is staying

dhom/ë-a - room

dritar/e-ja - window

kam (ke, ka...) - to have (I have, you have, he has etc.)

shoh (ai sheh) - to look, to see

pamje - view

nuk kam (s'kam) - I do not have (I don't have)

makin/ë-a - car

udhëtoj - to travel

nëpër qytet - through the city

në këmbë - on foot

me autobus - by bus

banoj - to live

ndodhem - to be (I am)

me punë - on business

shok-u - friend

laps-i - pencil

fletor/e-ja - notebook

gom/ë-a - rubber

gazet/ë-a - newspaper

dit/ë-a - day

mesdit/ë-a - midday, noon

mesnat/ë-a - midnight

shoq/e-ja - friend (f)

dëgjues-i - listener

ky - this (m.s.)

kjo - this (f.s.)

këto - these (f.pl.)

këta - these (m. pl.)

këtu - here

atje - there

MËSIMI I GJASHTË - LESSON 6

I. KLIMA E TIRANËS - *THE TIRANE CLIMATE*

A.

Xh. Smithi: Unë ndodhem për herë të parë në Tiranë, por mund të them se më pëlqen klima e saj.

M. Drini: O, Tirana ka klimë të mirë, të butë. Tani në verë, siç e ke vënë re edhe vetë, megjithëse ditët janë të nxehta, mëngjeset dhe mbrëmjet janë të freskëta.

Xh. Smithi: Po, në mëngjes ajri është i freskët, i tejdukshëm dhe plot dritë nga dielli mjaf i shëndritshëm. Në mbrëmje qielli është veçanë-risht i bukur, ai është i zi në blu dhe plot yje xixëllues. Më pëlqejnë shumë mëngjeset dhe mbrëmjet e Tiranës. Po vjeshta si është?

M. Drini: Edhe vjeshta është e ngrohtë. Në fund të vjeshtës nisin shirat dhe ajri bëhet mjaft i lagësht. Por nuk është aq ftohtë. As dimri nuk është i ftohtë. Vetëm ka lagështirë.

Xh. Smithi: Pranvera është e bukur, me siguri!

M. Drini: Pranvera është vërtet e bukur. Por ajo është tepër e shkurtër. Pas shirave të gjatë, natyra lulëzon vrullshëm, por menjëherë bëhet nxehtë dhe nis vera.

Xh. Smithi: Mua më pëlqen klima e butë e Tiranës!

B. TRANSLATION

J. Smith: This is my first time in Tirane but I can say already that I like its climate.

A view of Prizren, Kosova.

M. Drini: Oh, yes, Tirane has a good, moderate climate. In summer time as you can see, the days are hot but the mornings and the evenings are cool.

J. Smith: You are right, the morning air is fresh, clear and full of light from the shining sun. In the evening the sky in particular is beautiful, with its deep blue color filled with sparkling stars. I love mornings and evenings in Tirane. How is the fall here?

M. Drini: The fall is also warm. Towards the end of fall it begins to rain and the air becomes humid but it does not get very cold. The winter is not as cold either but there is humidity.

J. Smith: The spring is probably very nice, isn't it?

M. Drini: The spring is very nice, indeed. But it is very short. After the long rains, nature blooms quickly, then it gets hot and the summer begins.

J. Smith: I like the moderate climate of Tirane.

C. QUESTIONS - ANSWERS

- Çfarë klime ka Tirana?

What kind of climate does Tirane have?

- Tirana ka klimë të mirë, të butë.

The climate in Tirane is nice and warm.

- Si janë ditët në verë?

How are the days in the summer?

- Në verë ditët janë të nxehta.

The days are hot in the summer.

- Po mëngjeset dhe mbrëmjet si janë?

What about the mornings and evenings?

- Mëngjeset dhe mbrëmjet janë të freskëta.

The mornings and the evenings are fresh and cool.

- Si është ajri në mëngjes? *How is the air in the morning?*

- Në mëngjes ajri është i freskët, i tejdukshëm.

In the morning the air is fresh and clear.

- Si është qielli në mbrëmje?

How does the sky look in the evening?

- Në mbrëmje qielli është veçanërisht i bukur, i zi në blu dhe plot yje xixëllues.

In the evening the sky is particularly beautiful, with its deep blue color and it is full of sparkling stars.

- Të pëlqen klima e Tiranës?

Do you like the climate of Tirane?

- Po, më pëlqen shumë. *Yes, I like it very much.*

II. GRAMMAR:

1 THE PLURAL OF THE INDEFINITE AND DEFINITE NOUNS

The plural of the masculine indefinite nouns is formed by adding **-ë** or **-e** to the singular: një shqiptar - *disa shqiptarë,* një amerikan - *disa amerikanë,* një mëngjes - *disa mëngjese.*

The same endings **-ë** or **-e** are used to form the plural of the feminine indefinite nouns: një ditë - *disa ditë,* një amerikane - *disa amerikane,* një lule - *disa lule.*

The plural of both masculine and feminine definite nouns is formed by adding **-t** to the indefinite nouns in plural: disa shokë - *shokët,* disa amerikanë - *amerikanët,* disa lule - *lulet).* Here are more examples:

Indefinite form	*Definite form*
Masculine	
një mësim - disa mësime	mësimi - mësimet
një shok - disa shokë	shoku - shokët
një francez - disa francezë	francezi - francezët
një fjalor - disa fjalorë	fjalori - fjalorët
Feminine	
një mbrëmje - disa mbrëmje	mbrëmja - mbrëmjet
një shoqe - disa shoqe	shoqja - shoqet
një shqiptare - disa shqiptare	shqiptarja - shqiptaret
një fjalë - disa fjalë	fjala - fjalët

EXERCISE 1.
Change the following nouns into the definite and indefinite plural forms.
Example: një hotel - *disa hotele* hoteli - *hotelet*

një anglez	anglezi	një dritare	dritarja
një krah	krahu	një dhomë	dhoma
një gjerman	gjermani	një angleze	anglezja
një turist	turisti	një turiste	turistja
një gazetar	gazetari	një lule	lulja

2. THE ADJECTIVE

Used as a modifier, the adjective in Albanian is placed after the noun and agrees with it in gender and in number, for example:

një mëngjes *i ftohtë* (m.s.)- disa mëngjese *të ftohta* (m.pl.)- *(a cold morning - (some) cold mornings)*; një ditë *e ftohtë* (f.s.) - disa ditë *të ftohta (pl. f.)* - *(a cold day - (some) cold days).* During the declension of the noun the adjective remains unchangeable.

Unlike in English, the adjectives in Albanian are usually accompanied by the connective article, which is determined by the gender and the number of the noun. The connective articles are: **i, e, të.** The connective article **i** is used before the adjective with a singular masculine noun in indefinite or definite form, for example:

një shok i mirë - shoku i mirë *(a good friend - the good friend)*
një hotel i ri - hoteli i ri *(a new hotel - the new hotel)*

38

një dimër i ftohtë - dimri i ftohtë *(a cold winter - the cold winter)*

If it is a feminine noun in indefinite or definite form, the connective article **e** is used before the adjective, for example:

një verë e nxehtë - vera e nxehtë *(a hot summer - the hot summer)*
një ditë e bukur - dita e bukur *(a nice day - the nice day)*
një dhomë e madhe - dhoma e madhe *(a big room - the big room)*

With plural nouns of either gender, the article **të** is used for the indefinite and **e** for the definite form, for example:
disa shokë të mirë - shokët e mirë (some good friends - the good friends).
disa ditë të bukura - ditët e bukura (some nice days - the nice days)

Here are some more examples:
The indefinite form

Singular	*Plural*
Masculine	
një gazetar i mirë *(a good reporter)*	disa gazetarë të mirë
një mur i lartë *(a high wall)*	disa mure të lartë
një vit i vështirë *(a hard year)*	disa vite të vështirë
Feminine	
një shoqe e mirë *(a good friend)*	disa shoqe të mira
një vajzë e re *(a young girl)*	disa vajza të reja
një ditë e nxehtë *(a hot day)*	disa ditë të nxehta

The definite form

Masculine	
gazetari i mirë *(the good reporter)*	gazetarët e mirë
muri i lartë *(the high wall)*	muret e larta
viti i vështirë *(the hard year)*	vitet e vështira
Feminine	
shoqja e mirë *(the good friend)*	shoqet e mira
vajza e re *(the young girl)*	vajzat e reja
dita e nxehtë *(the hot day)*	ditët e nxehta

A small group of adjectives *(veror, dimëror, pranveror, interesant, historik etc.)* are used without an article, for example:

një ditë pranverore	*(a summer day)*
dita pranverore	*ditët pranverore*
një libër interesant	*(an interesting book)*
libri interesant	*librat interesantë*
një vend historik	*(a historic place)*

vëndi historik   *vendet historike*

With the linking verb **jam** adjectives are used to form the predicate (the predicate nominative), for example:

ditët janë **të nxehta**	*the days are hot*
mëngjeset janë **të freskëta**	*the mornings are fresh*
ajri është **i tejdukshëm**	*the air is clear*
qielli është **i bukur**	*the sky is nice (beautiful)*

EXERCISE 2.
Translate into English:

Qyteti është i madh. Parku është i gjelbër. Dimri është i ftohtë. Vera është e nxehtë. Pranvera është e bukur.

EXERCISE 3.
Change the following phrases to the plural:
Example: një mësim i ri - *disa mësime të reja - mësimet e reja*

një qytet i ri *(a new city)*	qyteti i ri
një libër i bukur *(a nice book)*	libri i bukur
një pritje e ngrohtë *(a warm welcome)*	pritja e ngrohtë
një turist i huaj *(a foreign tourist)*	turisti i huaj
një dimër i ftohtë *(a cold winter)*	dimri i ftohtë
një turiste e huaj *(a foreign tourist)*	turistja e huaj
një letër e shkurtër *(a brief letter)*	letra e shkurtër
një mbrëmje e freskët *(a fresh evening)*	mbrëmja e freskët
një vajzë e bukur *(a nice girl)*	vajza e bukur
një natë e nxehtë *(a hot night)*	nata e nxehtë
një dhomë e madhe (a big room)	dhoma e madhe
një godinë e lartë (a high building)	godina e lartë

VOCABULARY:

klim/ë-a - climate
ndodhem për herë të parë - this is
my first time ...
shoh - to see
se - that
e saj - hers
i(e) mirë - good
i(e) butë - moderate
në verë - in the summer
siç e ke vënë re edhe vetë - as you
have noticed yourself
megjithëse - although
i(e) nxehtë - hot
i(e) freskët - fresh, cool
i(e) ngrohtë - warm
ajër-ajri - air
i tejdukshëm (m) - clear, transparent
e tejdukshme (f) - clear, transparent
plot dritë - full of light
mbrëmj/e-a - evening
veçanërisht - particularly
i(e) bukur - beautiful
i zi në blu - deep blue
qiell-i - the sky
diell-i - the sun
vjeshtë-a - fall, autumn
dimër - dimri - the winter
pranverë-a - the spring
në fund të vjeshtës - at the end of
fall
shi-u (pl. def. shirat) - the rain
nisin shirat - begins to rain
i(e) lagësht - humid
lagështir/ë-a - humidity
i(e) ftohtë - cool

vërtet - really, indeed
i(e) gjatë - long
i(e) vogël - small
i(e) shkurtër - short
lulëzon - flourish
vrullshëm - vigorously
natyrë-a - nature
menjëherë - immediately,
abruptly, suddenly
bëhet nxehtë - becomes hot
nis vera - the summer begins
i shndritshëm (m.) - shiny,
splendid
e shndritshme (f.) - shiny,
splendid
xixëllues - sparkling
yll - star
nuk është aq - it is not as
me siguri - surely
fjal/ë-a - word
punë-a - work
lule-ja - flower
vajzë-a - girl
i madh (e madhe) - big
i(e) huaj (noun)- foreigner,
i(e huaj (adject.)- foreign,
extraneous, alien

41

MËSIMI I SHTATË - LESSON 7

I. DITËT E JAVËS DHE MUAJT
DAYS OF THE WEEK AND MONTHS

A.

Xh. Smithi: Mund të më thoni, ju lutem, si quhen ditët e javës shqip?

M. Drini: Me kënaqësi. Dita e parë quhet *e hënë,* dita e dytë - *e martë,* e treta - *e mërkurë,* e katërta - *e enjte,* e pesta - *e premte,* e gjashta - *e shtunë* dhe dita e shtatë - *e diel.* Dita e diel është ditë pushimi, ndërsa të tjerat janë ditë pune. Dëshironi të dini si quhen muajt?

Xh. Smithi: Natyrisht!

M. Drini: Muaji i parë quhet *janar,* i dyti - *shkurt,* i treti - *mars,* i katërti - *prill,* i pesti - *maj,* i gjashti - *qershor,* i shtati - *korrik,* i teti - *gusht,* i nënti - *shtator,* i dhjeti - *tetor,* i njëmbëdhjeti - *nëntor* dhe muaji i dymbëdhjetë - *dhjetor.*

Xh. Smithi: Ju falemnderit! A mund t'i përsëris?

M. Drini: Posi jo!

John Smith repeats the names of the days of the week and the months in Albanian.

M. Drini: Ju lumtë! Shumë mirë!

B. TRANSLATION:

J. Smith: Please, can you tell me what are the names of the days of the week in Albanian?

M. Drini: With pleasure. We call the first day **e hënë,** *the second -* **e martë,** *the third -* **e mërkurë,** *the fourth -* **e enjte,** *the fifth -* **e premte,** *the sixth -* **e shtunë** *and the seventh day -* **e diel.** *Sunday is a holiday and the others are working days. Do you want to know the names of the months in Albanian?*

J. Smith: Yes, of course!

M. Drini: The first month is called **janar,** *the second -* **shkurt,** *the third -* **mars,** *the fourth -* **prill,** *the fifth -* **maj,** *the sixth -* **qershor,** *the seventh -* **korrik,** *the eighth -* **gusht,** *the ninth -* **shtator,** *the tenth -* **tetor,** *the eleventh -* **nëntor** *and the twelfth -* **dhjetor.**

J. Smith: Thank you. May I repeat them?

M. Drini: Why not!

John Smith repeats the names of the days of the week and the months in Albanian.

M. Drini: Bravo! Very good!

C.

M. Drini: Çfarë muaji është tani? *What month is this now?*

Xh. Smithi: Tani është muaji korrik. *This is July.*

M. Drini: Çfarë date është sot? *What is today's date?*

Xh. Smithi: Sot është 20 korrik 1994. *Today is July 20, 1994.*

M. Drini: Çfarë dite është sot? *What day is today?*

Xh. Smithi: Sot është e shtunë. *Today is Saturday.*

M. Drini: Çfarë ditë është nesër? *What day is tomorrow?*

Xh. Smithi: Nesër është e diel. *Tomorrow is Sunday.*

M. Drini: Çfarë dite ishte dje? *What day was yesterday?*

Xh. Smithi: Dje ishte e premte. *Yesterday was Friday*

M. Drini: Shumë mirë! Shkëlqyeshëm! *That's great. That's wonderful.*

II. GRAMMAR

A. .THE ORDINAL NUMERALS

The indefinite singular ordinal numerals are formed from the respective cardinal numerals, with the exception of the numeral **i parë,** by adding the connective article **i** (for the masculine) or **e** (for the feminine): *gjashtë - i gjashtë, e gjashtë.* The ending **-të** is added, if the cardinal numeral doesn't end with **-të**: *dy - i dytë, e dytë.*

> i parë - e parë (numri i parë, rruga e parë) - *first*
> i dytë - e dytë *second*
> i tretë - e tretë *third*
> i katërt - e katërt *fourth*
> i pestë - e pestë *fifth*
> i gjashtë - e gjashtë *sixth*
> i shtatë - e shtatë *seventh*
> i tetë - e tetë *eighth*
> i nëntë - e nëntë *ninth*
> i dhjetë - e dhjetë *tenth*
> i njëmbëdhjetë - e njëmbëdhjetë *eleventh*
> i dymbëdhjetë - e dymbëdhjetë *twelfth*
> i trembëdhjetë - e trembëdhjetë *thirteenth*
> i njëzet - e njëzet *twentieth*
> i njëzetenjëtë - e njëzetenjëtë *twenty first*
> i njëzetedytë - e njëzetedytë *twenty second*
> i tridhjetë - e tridhjetë *thirtieth*
> i dyzetë - e dyzetë *fortieth*
> i pesëdhjetë - e pesëdhjetë *fiftieth*
> i gjashtëdhjetë - e gjashtëdhjetë *sixtieth*
> i njëqintë - e njëqintë *hundredth*
> i njëmijtë - e njëmijtë *thousandth*

The definite form of ordinal numerals is formed by replacing **-ë** with the **-i** at the end of the word for the masculine, or with the **-a** for feminine:

Masculine: i pari, i dyti, i treti, i katërti, i pesti etj.
Feminine: e para, e dyta, e treta, e katërta, e pesta etj.

If the ordinal numeral qualifies a noun or is the subject of a sentence, then it is used in the definite form: *Example:*

Dita e parë quhet e hënë, *e dyta* - e martë, *e treta* - e mërkurë.
The first day is Monday, the second - Tuesday, the third - Wednesday.

Muaji i parë është janari, i dyti - shkurti, i treti - marsi.
The first month is January, the second - February, the third - March.

The ordinal numerals like adjectives agree with the noun in gender, in number and in case.

EXERCISE 1.

Continue counting:

mësimi i parë, mësimi i dytë, mësimi i ...
java e parë, java e dytë, java e tretë ....

III. TELLING THE DAY OR THE DATE

To indicate what day or date it is in Albanian these expressions are used:

- Çfarë dite është sot? *What day is today?*
- Sot është e hënë. *Today is Monday.*
- Çfarë dite ishte dje? *What day was yesterday?*
- Dje ishte e diel. *Yesterday was Sunday.*
- Çfarë dite është nesër? *What day is tomorrow?*
- Nesër është e martë. *Tomorrow is Tuesday.*
- Ç'muaj është tani? *What month is it now?*
- Tani është gusht. *Now it is August.*
- Çfarë date është sot? *What is today's date?*
- Sot është 20 gusht 199... *Today is August 20, 199...*
- Çfarë date ishte dje? *What was yesterday's date?*
- Dje ishte 20 gusht 199... *Yesterday was August 20, 199...*
- Çfarë date është nesër. *What is the date tomorrow*
- Nesër është 21 gusht 199... *Tomorrow is August 21, 199...*

Note: Often in the spoken language the short form **ç'** is used for the interrogative pronoun **çfarë** *(çfarë dite - ç'ditë, çfarë muaji - ç'muaj),* for example:

Sot është e premte. *Today is Friday.*
Ç'ditë është sot? *What day is today?*
Sot është 5 gusht 199.... *Today is August 5, 199...*
Ç'datë është sot? *What is today's date?*

EXERCISE 2.

Answer the following questions:

- Ç'ditë është sot?   - Ç'datë është sot? -
- Ç'ditë ishte dje?   - Ç'datë ishte dje?-
- Ç'ditë është nesër?   - Ç'datë është nesër?

VOCABULARY:

mund të më thoni, ju lutem...? - please, can you tell me...?

si quhen ?- what are the names, how do you call ?

ditë-a - day

javë-a - week

me kënaqësi - with pleasure

e hënë - Monday

e martë - Tuesday

e mërkurë - Wednesday

e enjte - Thursday

e premte - Friday

e shtunë - Saturday

e diel - Sunday

muaj-i - month

vit-i - year

sot - today

nesër - tomorrow

dje - yesterday

ditë pushimi - holiday, non-working day

ditë pune - work day

dëshironi të dini? - do you wish to know?

i kaluar - last

i ardhshëm - future, next

MËSIMI I TETË - LESSON 8

I. XHON SMITHI MËSON SHQIP
JOHN SMITH LEARNS ALBANIAN

A.

Zana: Tungjatjeta, Marin!

Marini: Tungjatjeta, Zana!

Zana: Çfarë po bëni ju këtu?

Marini: Ja, po pres Xhonin

Zana: Pse, ku është zoti Xhon?

Marini: Ai është në dhomë. Po shkruan një letër..

Zana: Si shkon mësimi i gjuhës shqipe?

Marini: Xhoni është entuziast. Atij i pëlqen gjuha shqipe dhe mëson shumë mirë.

Zana: Ju, me siguri, e ndihmoni shumë?

Marini: Unë e ndihmoj çdo ditë. Megjithëse ka vetëm një javë që jeton në Shqipëri, ai kupton tani shumë fjalë, fjali e shprehje në gjuhën shqipe. Fjalët ose shprehjet që dëgjon i shkruan dhe i mëson përmendësh. Pastaj i përsërit me mua. Ai punon sistematikisht dhe lexon e dëgjon shumë. Ka dhe një fjalor të vogël, ku shkruan fjalët dhe shprehjet e reja.

Zana: Sa mirë! I bëni të fala nga ana ime. Mirupafshim, Marin!

Marini: Mirupafshim, Zana!

B. Translation

Zana: Hello, Marin.

Marin:Hello, Zana.

Zana:*What are you doing here?*

Marin: I am waiting for John.

Zana: Why, where is John?

Marin: He is in his room. He is writing a letter.

Zana: How are the Albanian lessons going?

Marin: John is enthusiastic. He likes the Albanian language and is doing very well.

Zana: You are probably a great help to him.

Marin: I try to help him every day. Although he has only been living in Albania for a month, he has learned many Albanian words, sentences and expressions. The words or the expressions that he hears, he writes down and learns them by heart. Then he repeats them with me. He works systematically and is a very attentive listener. He has a little dictionary, where he writes down the new words and expressions.

Zana: How nice. Give him please my regards. Good bye, Marin.

Marin: Good bye, Zana

C. QUESTIONS - ANSWERS:

- Ku është Xhoni? *Where is John?*
- Ai është në dhomë. *He is in his room.*
- Çfarë po bën? *What is he doing?*
- Ai po shkruan një letër. *He is writing a letter.*
- Çfarë i pëlqen atij? *What does he like?*
- Atij i pëlqen gjuha shqipe. *He likes the Albanian language.*
- Si mëson Xhoni? *How does John study?*
- Xhoni mëson shumë mirë. *John studies very well.*
- Çfarë kupton ai tani? *What does he understand now?*
- O, tani ai kupton shumë fjalë, fjali dhe shprehje shqip. *Now he understands many words, sentences and expressions in Albanian.*
- Si punon ai? *How does he work?*
- Ai punon sistematikisht, lexon dhe dëgjon shumë. *He works systematically, reads and is very attentive.*

II. GRAMMAR:

A. CLASSES OF THE VERB

Like in English, verbs in Albanian may be transitive or intransitive, of active or passive voice. The intransitive verbs (including reflexive verbs) are called in Albanian grammar non-active.

There are 7 moods recognized in Albanian grammar: *Indicative, Subjunctive, Conditional, Imperative, Optative* and *Admirative* (in English there are 4 - *Indicative, Conditional, Subjunctive* and *Imperative*). The most used are Indicative, Subjunctive and Imperative.

Verbs are conjugated in six tenses: *Present, Imperfect, Future, Aorist (Past), Present Perfect, Past Perfect (Pluperfect).* Only the Indicative mood has all six tenses. The Imperative has only the Present.

Verbs in Albanian do not have an infinitive. There is a form, so called *Paskajore* (translated as *infinitive*), that assumes many functions of the infinitive. Besides this, Albanian verbs have the *Participle* and the *Gerund* as does English.

Verbs are listed in the vocabulary in the present first person singular of the Indicative: **unë punoj** *(I work)* - **punoj** *(to work)*. For example, **punoj** *(to work)*, **shkruaj** *(to write)*, **shkoj** *(to go)*, **ndihmoj** *(to help)*, **pres** *(to wait)*, **përsëris** *(to repeat)*, **mësoj** *(to learn)* etc.

B. THE CONJUGATIONS OF THE VERB.

All the verbs in the Albanian language are divided into two main types of conjugations.

The verbs **bë-j** *(to do)*, **shkrua-j** *(to write)*, **kupto-j** *(to understand)*, **mëso-j** *(to learn)*, **dëgjo-j** *(to hear)*, **puno-j** *(to work)*, **ndihmo-j** *(to help)* that we encountered

47

in the previous text, belong to the first type of conjugation. Their stem ends in vowel and in the first person of the present indicative they take the ending -j.

The verbs **pres** *(to wait)* and **përsëris** *(to repeat),* that we have encountered in the text, belong to the second type of conjugation. Their stem ends in a consonant and in the first person of the present indicative they do not take any ending.

C. THE PRESENT OF THE INDICATIVE

In the present of the indicative the verbs of the first type are conjugated as follows:

	bëj (to do)	**shkruaj** (to write)	**ndihmoj** (to help)
		Singular	
unë	bë-**j**	shkrua-**j**	ndihmo-**j**
ti	bë-**n**	shkrua-**n**	ndihmo-**n**
ai	bë-**n**	shkrua-**n**	ndihmo-**n**
ajo	bë-**n**	shkrua-**n**	ndihmo-**n**
		Plural	
ne	bë-**jmë**	shkrua-**jmë**	ndihmo-**jmë**
ju	bë-**ni**	shkrua-**ni**	ndihmo-**ni**
ata	bë-**jnë**	shkrua-**jnë**	ndihmo-**jnë**
ato	bë-**jnë**	shkrua-**jnë**	ndihmo-**jnë**

The first person takes -**j**, the second and third person singular and plural take: -***n***, -***n***, -***jmë***, -***ni***, -***jnë***. Albanian verbs do not have a neuter gender.

Often with the verb in the present indicative the particle *po* is used, indicating that the action is occurring at that particular moment, before the eyes of the speaker (the Continuous Present tense in English). For example:

- Çfarë po bën Zana? *What are you doing, Zana?*
- Po shkruaj një letër. Po ti, Marin, nuk ke me çfarë të merresh? *I am writing a letter. And what about you Marin, don't you have anything to do?*
- Jo, nuk kam me çfarë të merrem. *No, I have nothing to do.*
- Ku po shkon? *Where are you going?*
- Po shkoj në teatër. *I am going to the theater.*

Since the verbs **jam** *(to be) and* **kam** *(to have)* play an important role in the formation of the different verbal forms, it is important to remember their conjugation:

Jam		**Kam**	
unë	jam	unë	kam
ti	je	ti	ke
ai (ajo)	është	ai (ajo)	ka
ne	jemi	ne	kemi
ju	jeni	ju	keni
ata (ato)	janë	ata (ato)	kanë

EXERCISE 1

Translate into Albanian:
- What are you doing, Anna?
- I am helping Marin to study English.
- Where are you going now, Zana?
- Now I am going to my room.

EXERCISE 2.

Add the appropriate endings of the Present indicative to the stem of the Albanian verbs **punoj** *(to work),* **jetoj** *(to live),* **lexoj** *(to read)*

unë	puno-	jeto-	lexo-
ti	puno-	jeto-	lexo-
ai	puno-	jeto-	lexo-
ajo	puno-	jeto-	lexo-
ne	puno-	jeto-	lexo-
ju	puno-	jeto-	lexo-
ata	puno-	jeto-	lexo-
ato	puno-	jeto-	lexo-

EXERCISE 3

Change the verbs according to the person:

A. Unë lexoj një libër *(I read a book)*, ti ... një libër *(You read a book)* etc.

B. Unë kuptoj mirë shqip *(I understand Albanian well)*, ti ...mirë shqip *(You understand Albanian well)* etc.

THE NEGATIVE

A sentence is made negative by placing adverb **nuk** (**s'**) before the verb, for example:

Unë punoj. *I work*

Unë **nuk** punoj. Unë **s'**punoj *I do not work.*

D. INTERROGATIVE SENTENCES are formed with the help of verb **bëj** *(to do)* and the interrogative pronoun **çfarë?** *(what?)*. For example:

Unë punoj - Çfarë bëj unë? *I work? What do I do?*

Ti punon - Çfarë bën ti? *You work. What do you do?*

Ai punon - Çfarë bën ai? *He works. What does he do?-*

Ajo punon - Çfarë bën ajo? *She works. What does she do?*

Ne punojmë - Çfarë bëjmë ne? *We work. What do we do?*

Ju punoni - Çfarë bëni ju? *You work. What do you do?*

Ata punojnë - Çfarë bëjnë ata? *They work. What do they do?*

Ato punojnë - Çfarë bëjnë ato? *They work. What do they do?*

The interrogative sentences may be formed also by placing the subject after the verb, for example:

Unë punoj. Punoj unë? *I work. Do I work?*
Ti punon. Punon ti? *You work. Do you work?*
Ai punon. Punon ai? *He works. Does he work?* etc.

EXERCISE 4.

Put the questions to the verbs in the following sentences:
Example: Unë lexoj një libër - Çfarë bëj unë?

Ti mëson shqip - Ai dëgjon mësimin -
Ne mësojmë anglisht - Ju ndihmoni Xhonin -
Ata dëgjojnë shokun - Ato lexojnë një libër -

VOCABULARY:

çfarë po bëni? - what are you doing?
pres - to wait
pse - why
ku është ai? - where is he?
shkruaj - to write
letër - letter
entuziast - enthusiastic
mësoj - to learn
ndihmoj - to help
e ndihmoj - I help him
ka vetëm një javë që jeton - he has been living here only one week

Shqipëri-ja - Albania
kuptoj - understand
fjali - sentence
shprehje - expression
dëgjoj - to hear, to listen
mësoj përmendësh - to learn by heart, to memorize
përsëris - to repeat
me mua - with me
sistematikisht - systematically
shumë mirë - very good
lexon shumë - he reads too much
i bëni të fala - send my regards

MËSIMI I NËNTË - LESSON 9

I. FAMILJA IME - *MY FAMILY*

A.

M. Drini : E mbaruat së shkruari letrën, Xhon?

Xh. Smithi : Nuk po shkruaja letër, po i shkruaja një kartolinë gruas.

M. Drini: Jeni i martuar?

Xh. Smithi: Po, jam i martuar. Kam dhe dy fëmijë. Gruaja ime është mësuese. Djali im i madh shkon në shkollë, ndërsa i vogli shkon në kopësht.

M. Drini: Po prindërit e tu janë gjallë?

Xh. Smithi : Jo, prindërit e mi nuk janë gjallë. Po ju jeni i martuar?

M. Drini: Jo, nuk jam i martuar. Por familja ime është e madhe. Unë jetoj me prindërit dhe gjyshen. Babai im është punëtor, ndërsa nëna dhe gjyshja janë pensioniste. Bashkë me ne jetojnë dhe motrat e mia. Motra e madhe mëson në universitet, ndërsa motra e vogël shkon në shkollën e mesme. Ata do të gëzohen po të vish për vizitë në shtëpinë tonë.

Xh. Smith : O, patjetër do të vij!

B. TRANSLATION

M. Drini: John, did you finish writing your letter?

J. Smith: I was not writing a letter, I was writing a post-card to my wife.

M. Drini: Are you married?

J. Smith: Yes, I am married. I have two children. My wife is a teacher. My elder son goes to school and the younger is in kindergarten.

M. Drini: Are your parents alive?

J. Smith: No, my parents are not alive. What about you, are you married?

M. Drini: No, I am not married, but I have a large family. I live with my parents and my grandmother. My father is a worker but my mother and my grandmother are retired. My sisters live with us. My elder sister studies at the university, while my youngest sister is in high school. They would be very happy if you came to visit our family.

J. Smith: I will certainly come.

C.QUESTIONS - ANSWERS

- Jeni i martuar? *Are you married?*
- Po, unë jam i martuar. *Yes, I am married.*
- Jo, unë nuk jam i martuar. *No, I am not married.*
- Keni fëmijë? *Do you have children?*
- Po, kam dy fëmijë. *Yes, I have two children.*
- I keni prindërit? *Are your parents alive?*

- Jo, nuk kam prindër, ata nuk jetojnë më. *No, I have not parents, they are not alive.*

- Po, i kam prindërit. *Yes, my parents are alive.*

- Me cilin jetoni? *With whom do you live?*

- Unë jetoj me gruan dhe fëmijët e mi. *I live with my wife and my children.*

- Unë jetoj me prindërit e mi dhe dy motrat e mia. *I live with my parents and two of my sisters.*

- Çfarë bëjnë motrat e tua? *What do your sisters do?*

- Motra ime e madhe mëson në universitet, motra e vogël shkon në shkollë të mesme. *The oldest one studies at the university and the youngest is in high school.*

- Po djemtë e tu shkojnë në shkollë? *Do your sons go to school?*

- Djali i madh shkon në shkollë, ndërsa i vogli shkon në kopësht. *My oldest son goes to school and my youngest is in kindergarten.*

II. GRAMMAR:

POSSESSIVE PRONOUNS

Read these sentences:

Ruaja **ime** është mësuese. ***My** wife is a teacher.*
Djali **im** i madh shkon në shkollë. ***My** elder son goes to school .*
Po prindërit **e tu** janë gjallë? *Are **your** parents alive?*
Babai **im** është punëtor. ***My** father is a worker.*
Bashkë me ne jetojnë dhe motrat **e mia**. ***My** sisters live with us.*

Th_the nouns:

Singular

Masculine
I shoku **im** (*my* friend)
II. shoku **yt** (*your* friend)
III. shoku **i tij** (*his* friend)
    shoku **i saj** (*her* friend)

I. shokët **e mi** (*my* friends)
II. shokët **e tu** (*your* friends)
III. shokët **e tij** (*his* friends)
    shokët **e saj** (*her* friends)

Feminine
I. motra **ime** (*my* sister)
II. motra **jote** (*your* sister)
III. motra **e tij** (*his* sister)
    motra **e saj** (*her* sister)

I. motrat **e mia** (*my* sisters)
II. motrat **e tua** (*your* sisters)
III. motrat **e tij** (*his* sisters)
    motrat **e saj** (*her* sisters)

Plural
Masculine
I. shoku **ynë** (*our* friend)

I. shokët **tanë** (*our* friends)

II. shoku **juaj** (*you*r friend)
III. shoku **i tyre** (*their* friend)

II. shokët **tuaj** (*your* friends)
III. shokët **e tyre** (*their* friends)

Feminine
I. motra **jonë** (*our* sister)
II. motra **juaj** (*your* sister)
III. motra **e tyre** (*their* sister)

I. motrat **tona** (*our* sisters)
II. motrat **tuaja** (*your* sister)
III. motrat **e tyre** (*their* sister)

EXERCISE 1.
   Translate into Albanian:
a. my pencil, your pencil.. (lapsi)
my pencils, your pencils....(lapsat)
b. my city, your city... (qyteti)
my cities, your cities ... (qytetet)
c. my room, your room... (dhoma)
my rooms, your rooms... (dhomat)
d. my school, your school...(shkolla)
my schools, your schools...(shkollat)

EXERCISE 2.
   Use the following nouns with Possessive pronouns in the first, second and third person singular.
Example:
1. fjala ime - fjalët e mia *(my word, my words)*
    fjala jote - fjalët e tua *(your word, your words)*
    fjala e tij - fjalët e tia *(his word, his words)*
2. fjalori im - fjalorët e mi (my vocabulary - your vocabularies)
    fjalori yt - fjalorët e tu (your vocabulary, your vocabularies)
    fjalori i tij - fjalorët e tij (his vocabulary, his vocabularies)
    fjalori i saj - fjalorët e saj. (her vocabulary, her vocabularies)

hotel (hoteli - hotelet) - *hotel (the hotel - the hotels)*
shtëpi (shtëpia - shtëpitë) - *house (the house - the houses)*
motër (motra - motrat) - sister *(the sister - the sisters)*
familje (familja - familjet) - *family (the family - the families)*
djalë (djali - djemtë) - son *(the son - the sons)*

EXERCISE 3
   Use the same nouns with Possessive pronouns in first, second and third person plural.

Example:
1. fjala jonë - fjalët tona *(our word - our words)*

fjala juaj - fjalët tuja *(your word - your words)*
fjala e tyre - fjalët e tyre *(their word - their words)*

2. fjalori ynë - fjalorët tanë *(our vocabulary - our vocabularies)*
   fjalori juaj - fjalorët tuaj *(your vocabulary - your vocabularies)*
   fjalori i tyre - fjalorët e tyre *(their vocabulary - their vocabularies)*

EXERCISE 4
Translate into English:

1. Shtëpia ime është e madhe. 2. Mësuesi im është i ri. 3. Shoku yt është gazetar.
4. Shoqja jote është përkthyese. 5. Babai i tij është punëtor. 6. Vëllai i saj mëson në
shkollë. 7. Shoku ynë shkon në teatër. 8. Libri juaj është interesant. 9. Dhoma juaj
është e madhe. 10. Fjalët e tua janë të ngrohta. 11. Motra e saj është e vogël. 12.
Babai i tyre është gazetar. 13. Gjyshja jonë është pensioniste. 14. Djemtë tanë shkojnë
në shkollë. 15. Prindërit e mi janë gjallë. 16. Motrat e tua janë mësuese. 17. Gruaja
ime është gazetare. 18. Babai i tyre është pensionist. 19. Nëna e saj është pensioniste.
20. Vëllai i saj nuk është gazetar.

VOCABULARY:

e mbaruat së shkruari - did you
finish writing?
po shkruaja - I was writing
kartolinë-a - post-card
grua-ja - wife
i(e) martuar - married
fëmijë-a- fëmijët - child, children
djali i madh - elder son
djali i vogël - youngest son
shkon në shkollë - goes to school
shkon në kopsht - goes to
kindergarten
prind-i -prindër(prindërit) - parents
janë gjallë - are alive
i madh (e madhe) - big, old, elder

pensionisti - retiree
pensionist/e-ja (f.) - retiree
punëtor-i - worker
punëtor/e-ja (f.) - worker
bashkë me ne - with us
motër (motra) - sister
do të gëzohen - would be glad,
happy
po të vish për vizitë - if you
came for a visit

Bunkers - the remains of the communist dictatorship

MËSIMI I DHJETË - LESSON 10

PËRSËRITJE- *REVIEW*

This lesson is a review of the words and grammatical structures we have learned so far.

EXERCISE 1.
Translate into Albanian:

John S. - Hello, Marin, how are you?

Marin D. - Hello, John, how do you do?

John S. - Who is this young woman?

Marin D. - She is Zana Kodra, she is a translator. And this is John Smith, an American reporter.

John S. - Nice to meet you, Miss Kodra.

Zana K. - My pleasure. Marin has told me about you. How are your Albanian lessons going?

John S. - Oh, very well. Marin is a great help to me.

Zana K. - I am sorry, but I must leave you now. Good-bye, Mr. Smith! Bye-bye, Marin!

John S. - Good bye, Miss Kodra! See you again!

Marin D. - Bye-bye, Zana.

EXERCISE 2.
Say the following in Albanian:

I am an American. My name is Anna Graham. I came to Albania two weeks ago. I don't speak Albanian.

I like the city of Tirane. I like its moderate climate. And, surely, I like the Albanian people.

EXERCISE 3.
Translate into Albanian:
- Hello, how are you?
- Hello, how do you do?
- I am John Smith, and who are you?
- I am Marin Drini. Are you English?
- No, I am not English, I am an American. Are you an Italian?
- No, I am not an Italian, I am an Albanian. When did you come to Albania?
- Two weeks ago.
- How do you like Albania?
- Yes, I like it very much.

- Nice to meet you! Good bye!
- The pleasure is mine. See you again!

EXERCISE 4.
Say in Albanian:

- Are you an American?
- No, I am not an American. I am an Albanian. What about you? You are not French, are you?

No, I am not French. I am an American. What about this young woman, what is she? Is she an Italian?
- No, she is not Italian, she is Irish.

EXERCISE 5.
Change the following nouns into the feminine gender:
Example: shqiptar - *shqiptare*

amerikan, italian, anglez, përkthyes, gazetar, mësues, francez, gjerman, irlandez *(Irish)*, turist.

EXERCISE 6.
Change the following nouns into the definite form .
Example: student - *studenti*

turist, shtëpi, krah, zog, park, hotel, përkthyes, përkthyese, mësues, mësuese, gazetar, gazetare, amerikan, amerikane, shqiptar, shqiptare.

EXERCISE 7.
Say the following in Albanian:
What time is it? It is 9.30. Now is 11. Now is 12.15. At what time does the lesson start? The lesson starts at 8. At what time does the movie start? The movie starts at 8 in the evening.

EXERCISE 8.
Change the following feminine nouns into the definite singular form.
Example: dhomë - *dhoma*
    shqiptare - *shqiptarja*
mësuese, dritare, rrugë, ditë, natë, mesditë, fletore, amerikane, italiane, angleze, franceze, gjermane, turiste, përkthyese, dëgjuese.

EXERCISE 9.
Translate into Albanian:

- Who is this young woman?
- She is Zana Kodra. She is a translator.
-Who is this gentleman?
- He is John Smith. He is an American. He is a reporter.
- When did you come to Albania?
- I came to Albania two weeks ago.
- How do you like Albania?
- I like Albania very much.
- Where is he living now?
- He is living in a hotel now.

EXERCISE 10.
  Count the following:

Dita e parë, dita e ...
Java e parë, java e ...
Viti i parë, viti i ...
Muaji i parë, muaji i ...

EXERCISE 11.
  Change these phrases into the plural of the definite form.
Example: mësimi i ri - *mësimet e reja*
              puna e re - *punët e reja*
      vendi i bukur   hoteli i madh   dita e nxehtë
      mbrëmja e freskët   mëngjesi i ftohtë   dimri i gjatë
      pranvera e shkurtër   mbrëmja e ngrohtë   dita e gjatë

EXERCISE 12.
Name the days and months in Albanian.

EXERCISE 13.
  Answer the following questions in Albanian:
- Ç'ditë është sot?
      - Ç' ditë ishte dje?
      - Ç' ditë është nesër?
      - Ç'muaj është tani?
      - Në ç'muaj keni ardhur në Shqipëri?
      - Ç'datë është sot?
      - Ç'datë ishte dje?
      - Ç'datë është nesër?

EXERCISE 14.
  Put the words in brackets into the correct form:

Example:

  Tirana ka klimë (i mirë, i butë).
  Tirana ka klimë *të mirë, të butë.*

Në verë netët dhe mëngjeset e Tiranës janë (i freskët).
Qielli mbushet me yje (i shëndritshëm).
Qielli i Tiranës në mbrëmje është (i zi në blu).
Marini banon në një dhomë (i madh).
Vjeshta në Nju Jork është (i ngrohtë).
Dimri në Tiranë nuk është aq (i ftohtë).
Vera në Nju Jork është (i nxehtë).
Tirana ka klimë (i butë).

EXERCISE 15.
 Ask questions regarding the following phrases:
Example: Unë lexoj librin. *Çfarë bëj unë?*
     Ti lexon librin. *Çfarë bën ti? etc.*

Unë mësoj shqip.
Ti mëson shqip.
Xhoni mëson shqip.
Ana mëson shqip.
Ne mësojmë shqip.
Ju mësoni shqip.
Xhoni dhe Ana mësojnë shqip.
Ato mësojnë shqip.

EXERCISE 16.
 Put the verbs in brackets into the correct form:
Example: Marini (mësoj) shqip.
     Marini *mëson* shqip.

 Drini (ndihmoj) Xhonin të mësojë shqip.
 Unë (shkoj) në universitet.
 Motra ime (punoj) në bankë.
 Ti (mësoj) shumë mirë.
 Ana (shkruaj) një letër.
 Marini dhe Xhoni (mësoj) bashkë.
 Ju (ndihmoj) shokun.
 Unë dhe Marini (shkoj) në shkollë.
 Zana (dëgjoj) çdo ditë muzikë.
 Xhoni (lexoj) gazetat.

EXERCISE 17.

Conjugate the following verbs in the present of the indicative mood:
Example:

unë punoj	**ne** punojmë
ti punon	**ju** punoni
ai punon	**ata** punojnë
ajo punon	**ato** punojnë

pushoj *(to rest)*, mësoj *(to study)*, dëgjoj *(to hear)*, ndihmoj *(to help)*, shkruaj *(to write)*, lexoj *(to read)*

MËSIMI I NJËMBËDHJETË - LESSON 11

I. NËPËR TIRANË - *THROUGH TIRANE*

A.

Në mbrëmje Xhon Smithi dhe Marin Drini dolën për shëtitje në bulevardin e Tiranës. Porsa dolën nga hoteli, ata u ndodhën në një shesh të madh, dhe Xhoni pyeti:

- Si quhet ky shesh i bukur?

- Sheshi "Skënderbeg", - përgjigjet Marini. - Atje përballë ngrihet statuja në kalë e heroit tonë kombëtar, Skënderbeut. Siç e sheh, sheshi është i rrethuar me ndërtesa të rëndësishme publike. Në të majtë është Pallati i Kulturës, ku ndodhen Teatri i Operës dhe Baletit dhe sallat e Bibliotekës Kombëtare. Pak më tutje lartësohen kulla e Sahatit dhe minarja e xhamisë së vjetër të Tiranës. Përballë ndodhet godina e Bankës së Shtetit. Përballë përmendores së Skënderbeut ndodhet godina e Muzeut historik.

Pasi kalojnë kullën e Sahatit, Xhoni sheh një grumbull ndërtesash të tjera dhe pyet:

- Po këto ndërtesa ç'janë?

- Këto janë godinat e ministrive. Ndërsa më poshtë, gjatë Bulevardit "Dëshmorët e Kombit", ndodhen Hotel Dajti, godina e kryeministrisë, Pallati i Kongreseve etj. Në fund të bulevardit, siç do ta shohim, është një shesh i madh, mbi të cilin lartohet godina kryesore e Universitetit të Tiranës.

Nëpër bulevard shëtisin mjaft njerëz. Tiranasit kanë qejf të shëtisin në mbrëmje. Edhe Xhonit i pëlqeu kjo shëtitje nëpër bulevard.

B. TRANSLATION:

In the evening, John Smith and Marin Drini went for a walk on Tirane's boulevard. After leaving the hotel, they found themselves in a big square. John asked:

"What is the name of this nice square?"

"The Skenderbeg Square," answered Marin. "In front of the square is the statue of our national hero, Skenderbeg, on a horse. As you can see, the square is surrounded by important public buildings. On the left is the Palace of Culture, which holds the Theater of the Opera and the Ballet building and the halls of the National Library. Further away stands the Watch Tower and the minaret of the old Mosque of Tirane. In front there is the National Bank building. In front of the Skenderbeg's statue is the Historical Museum.

Leaving the Watch Tower, John noticed a lot of other buildings and asked:

"And these buildings, what are they?"

"These are the buildings of the ministries. Down the road is the National Heroes Boulevard, Dajti Hotel, the building of the Council of Ministers and the

Palace of Congress. At the end of the boulevard, as we will see, is a big square, where the main building of Tirane University stands.

A lot of people are walking on the boulevard. Tirane citizens like to walk in the evening. John enjoyed his walk on the boulevard.

C. QUESTIONS - ANSWERS:
- Ku dolën për shëtitje Xhoni dhe Marini?

Where did John and Marin go for a walk?
- Ata dolën për shëtitje në bulevardin e Tiranës.

They went for a walk on Tirane Boulevard.
- Çfarë ngrihet përballë?

What is erected in front of the Boulevard?
- Përballë ngrihet statuja e Skënderbeut.

In front of the boulevard stands the statue of Scanderbeg.
- Çfarë ndodhet në të majtë?

What is on the left?
- Në të majtë ndodhet Pallati i Kulturës.

On the left is the Palace of Culture.
- Po këto godina ç'janë? *What are these buildings?*
- Këto janë godinat e ministrive.

These are the buildings of various ministries.
- Cila ndërtesë lartohet në fund të bulevardit?

What building stands at the end of the boulevard?
- Në fund të bulevardit lartohet godina kryesore e Universitetit të Tiranës.

At the end of boulevard stands the main building of Tirane University.

II. GRAMMAR:

A. THE CASES OF THE NOUN. THE GENITIVE CASE OF DEFINITE NOUNS:

Unlike English, in Albanian nouns are inflected to show the cases, which denotes the relation between a noun and other words in the sentence. These are the cases: *Nominative (rasa emërore), Genitive (r. gjinore), Dative (r. dhanore), Accusative (r. kallëzore)* and *Ablative (r. rrjedhore)*. The cases and their general grammatical equivalents are as follows:

Nominative ~ *case of subject*
Hoteli ndodhet përballë Bankës - *The hotel is in front of the Bank*
Profesori takon nxënësit - *The professor meets the students*
Genitive ~ *Possessive case*
Dhomat e hotelit janë të mëdha - *Hotel's rooms are big.*
Po lexoj librin e profesorit - *I am reading professor's book.*
Dative ~ *Case of indirect object with* to *or* for
Ata po i i shkruajnë hotelit. *They are writing to the hotel.*

62

Ata i thanë lamtumirë <u>profesorit</u>. *They said good bye <u>to the professor.</u>*

Accusative ~ *Case of direct object (Objective c.)*

Unë nuk e shoh <u>hotelin</u>. *I don't see <u>the hotel.</u>*

Studentët takojnë <u>profesorin</u> - *The students meet <u>the professor.</u>*

Ablative ~ *Objective c. with* by, from, with, in

Banka ndodhet përballë<u> hotelit</u>. *The Bank is in front of <u>the hotel.</u>*

Kjo është një letër prej<u> profesorit</u>. *This is a letter from <u>the professor.</u>*

In the preceding lessons we have seen the nouns in the Nominative of the definite or indefinite form in singular or plural.

In the following phrases: *bulevardi <u>i Tiranës</u>* (Tirane's boulevard), *statuja <u>e Skënderbeut</u>* (the statue of Scanderbeg), *Pallati <u>i Kulturës</u>* (Palace of Culture), *sallat <u>e Bibliotekës Kombëtare</u>* (the halls of the National Library), *Xhamia e vjetër <u>e Tiranës</u>* (the old Mosque of Tirane)- the underlined nouns are in the Genitive case (English Possessive case) of the definite form.

The Genitive case is formed by adding the **-it, -ut** (for the masculine nouns in singular), **-s (së)** (for the feminine nouns in singular) and **-ve** (for both genders in the plural). *Examples:*

Singular

<u>Masculine</u>	<u>Feminine</u>
godina e hotel-it	godina e ministri-së
qendra e shesh-it	muajt e verë-s
djali i shok-ut	dritaret e shtëpi-së
titulli i artikull-it	ditët e javë-s

Plural

godinat e hotele-ve	godinat e ministri-ve
djemtë e shokë-ve	dritaret e shtëpi-ve
librat e studentë-ve	librat e studente-ve
titujt e artikuj-ve	titujt e gazeta-ve

In the Genitive singular the article **i** is used before the noun, if it follows a masculine noun in singular, and the article **e**, if it follows a feminine noun in singular or a noun in plural, for example:

bulevardi (m.) **i** Tiranës	*Tirane's boulevard*
bulevardet (pl.) **e** Tiranës	*Tirane's boulevards*
dhoma (f.) **e** hotelit	the hotel's room
dhomat (pl.) **e** hoteleve	the hotel's rooms

Like the English Possessive case, the Albanian Genitive case may be used to show possession, to indicate the performer of an act etc. Here are some examples:

Possession:

libri <u>i Marinit</u>	*Marin's book*
letra <u>e motrës</u>	*sister's letter*
shtëpia <u>e shokut</u>	*the friend's house*
flokët <u>e vajzës</u>	*the girl's hair*

Performer of an act:

leximi <u>i autorit</u>	*the author's reading*
fjalimi <u>i oratorit</u>	*the orator's speech*
vepra <u>e poetit</u>	*the poet's work*
poezia <u>e Shellit</u>	*Shelley's poetry*

EXERCISE *1.*

Put the nouns in brackets into the Genitive form:
Example: libri (shok) - libri *i shokut*

fjala (mësues)	the teacher's word
rrugët (qyteti)	the streets of the town
përgjigja (motra)	the sister's answer
klima (Tirana)	Tirane's climate
dera (shtëpia)	the door of the house
titujt (librat)	the titles of the books
familja (Marini)	Marin's family
artikujt (gazetat)	the newspaper's reports
mikpritja (shqiptari)	the Albanian's hospotality
ditët (java)	the days of the week
dritaret (shkolla)	the windows of the school
motra (shok)	the friend's sister
rrugët (Tirana)	Tirane's streets

EXERCISE 2.

Translate into English:

Marini po lexon *(is reading)* artikullin e gazetës.
Xhoni takon *(meets with)* nënën e Marinit.
Ky është libri i motrës.
Xhoni sodit *(gazes, contemplates)* qendrën e qytetit.
Ata janë ulur *(are sitting)* në hollin e hotelit.

VOCABULARY:

në mbrëmje-a - in the evening
dalin për shëtitje - go for a walk
bulevard-i - boulevard
porsa dolën - they just left
u ndodhën - they found themselves
shesh-i - square
përballë - in front
statujë-ja - statue
në kalë - on the horse
hero kombëtar - national hero
rreth e qark - all around
ndërtesë-a - building
godinë-a - building
pallati i kulturës - palace of culture
teatri i operës dhe i baletit - theater of opera and ballet
sallat e bibliotekës - halls of library
i rrethuar - surrounded
më tutje -further away
lartësohet - is erected, stands
kulla e Sahatit - Watch Tower

minarja e xhamisë - minaret of the mosque
muze historik - historical museum
ministër-i - minister
grumbull-i - multitude, pile
dëshmorët e kombit - national heroes
kryeministër-i - Prime Minister
pallati i kongreseve - palace of the congress
kam qejf - I like
shëtis - to walk
tiranas - Tirane citizen
i pëlqeu - he enjoyed
mikpritje-a - hospitality
i (e) rëndësishëm - important
publik - public
sodis - to observe, to contemplate, to gaze
shoh - to see
i (e) vështirë - difficult
të ndryshme - various

MËSIMI I DYMBËDHJETË - LESSON 12

I. NË RESTORANT - *IN THE RESTAURANT*

A.

Marini: Tani është ora tre, mos keni uri, Xhon?
It is now 3 p.m., are you hungry, John?

Xhoni: Shumë. Kam dhe etje.
I am very hungry. I am thirsty too.

Marini: Si thoni, a shkojmë në restorant?
What do you say, shall we go to the restaurant?

Xhoni: Me gjithë qejf.
With pleasure.

Xhoni dhe Marini futen në restorant.
John and Marin enter the restaurant.

Marini: Uluni, ju lutem. Po thërras kamarierin. Ah, ja tek po vjen vetë. *Sit down, please. I will call the waiter. Ah, here he comes.*

Kamarieri: Çfarë dëshironi, ju lutem?
What would you like to order, please?

Xhoni: Para së gjithash na sillni ca birrë të ftohtë, ju lutem. Kemi shumë etje.
First of all, how about some cold beer. We are very thirsty.

Kamarieri: Po për të ngrënë ç'dëshironi? Shihni menynë, ju lutem. *What do you want to eat? Here's the menu.*

Marini: Zoti Xhon, porositni ju i pari.
You order first, John.

Xhoni: Unë dua një sallatë me domate, qepë dhe kastraveca, një bulon dhe një kotoletë viçi. Mos harroni, ju lutem, të sillni ca fruta.
I want a tomato salad with onions and cucumbers, some beef broth and a beef cutlet. And please, could you bring some fruit?

Kamarieri: Po ju çfarë dëshironi?
And you sir, what would you like?

Marini: Unë dua një sallatë frutash, një supë zarzavatesh, një fileto
peshku, një verë dhe mos harroni, ju lutem, pak bukë. *I would like a fruit salad, vegetable soup, a filet of fish, a glass of wine and some bread, please.*

Kamarieri sjell porositë dhe u thotë: Ju bëftë mirë!
The waiter brings the order and says: Enjoy your meal!

Gjellët ishin të shijshme. Pasi hëngrën, ata thirrën kamarierin.
The food was good. After they finished eating, they called the waiter.

Marini: Na sillni llogarinë, ju lutem. Faleminderit për drekën e shijshme!
Could you bring the check, please? And thank you for the delicious dinner.

Xhoni: Mirupafshim! *Good bye!*

B. III. ENRICH YOUR VOCABULARY:

Remember these Albanian expressions that you can use in restaurants:

Eja të shkojmë në bar.	*Let's go to the bar.*
Më sillni, ju lutem, dy soda.	*Could you bring two sodas, please.*
Kur hapet kakefeneja?	*When will the cafe open?*
Një kafe ekspres, ju lutem.	*One espresso, please.*
Shkojmë në restorant.	*Let us go to the restaurant*
Ulemi në këtë tavolinë.	*Let us sit down at this table*
Ç'do të marrim për të ngrënë?	*What should we order?*
Ju bëftë mirë.	*Enjoy your meal!*
Më tregoni, ju lutem, menynë.	*Could you please show me the menu?*
Çfarë keni sot për drekë?	*What do you have for lunch today?*
Na jepni, ju lutem, llogarinë.	*Can we have the check, please?*

II. GRAMMAR:

THE ACCUSATIVE CASE

In the above dialogue we find sentences like:

1. Po thërras kamarierin. (Kë (cilin) po thërras? **kamarierin**)
I will call the waiter.
2. Para së gjithash, na sillni ca birrë të ftohtë. (Çfarë na sillni para së gjithash?
ca birrë).
First of all, bring us some cold beer.
3. Shihni menynë, ju lutem. (Çfarë shihni? **menynë**).
Look at the menu, please.
4. Unë dua një sallatë dhe një kotoletë viçi. (Çfarë dua unë? **një sallatë dhe
një kotoletë viçi**).
I want a salad and a beef cutlet.
5. Unë dua një sallatë frutash, një supë zarzavatesh dhe një verë. (Çfarë dua
unë? **një sallatë frutash, një supë zarzavatesh dhe një verë).**
I want a fruit salad, vegetable soup and a glass of wine.

All the nouns in bold are in the Accusative case. The nouns in Accusative (declined together with adjectives) have the following forms:

Indefinite form

Singular
(Po lexoj) një librë të mërzitshëm. *(I am reading) a boring book.*
(Shoh) një godinë të lartë. *(I see) a high building.*
(Po shkruaj) një artikull të gjatë. *(I am writing) a long article.*

Plural

(Po lexoj) disa libra të mërzitshëm. *(I am reading) some boring books.*
(Shoh) disa godina të larta. *(I see) some high buildings.*
(Po shkruaj) disa artikuj të gjatë. *(I am writing) some long articles.*

EXERCISE 1.
Translate into English:

Unë po ha një supë të ngrohtë.
Ti po ha një sallatë të freskët.
Ai po sodit një park të bukur.
Ajo shkruan një novelë të gjatë.
Ana lexon një tregim të shkurtër.
Marini po pi një birrë të ftohtë.

Ai ka një familje të madhe.
Marini ka një dhomë të vogël.
Unë shoh disa godina të larta.
Zana po lexon disa tregime të shkurtëra.
Xhoni takon disa shokë të vjetër.

THE INTERROGATIVE of indefinite accusative nouns is made by putting interrogative pronouns **Çfarë?** *(things)* and **Kë?** or **Cil? (Cilin?** (m), **Cilën?** (f), **Cilët** (m. pl.)**, Cilat?** (f. pl.) *(persons).*

Po lexoj një artikull? **Çfarë** po lexoj? (një artikull).
I am reading an article.
Marini takon një shok. **Kë (Cilin?)** po takon? (një shok).
Marin meets a friend.
Xhoni po pi një birrë të ftohtë. **Çfarë** pi? (një birrë të ftohtë).
John is drinking a cold beer.
Ne shohim një grua. **Kë (cilën?)** shohim? (një grua).
We see a woman.
Unë dua një libër. **Çfarë** dua? (një libër).
I want a book.

THE DEFINITE NOUNS (declined with adjectives) have the following endings in the Accusative:

Singular
(Unë lexoj) librin e ri - *(I read) the new book.*
(Xhoni po shkruan) artikullin e fundit - *(John is writing) the last article.*

(Unë shoh) ndërtesën e lartë - *(I see) the high building.*

Plural

(Unë po lexoj) librat e rinj - *(I am reading) the new books.*

(Xhoni shkruan) artikujt e fundit - *(John is writing) the last articles.*

(Unë shoh ndërtesat e larta) - *(I see) the high buildings.*

THE INTERROGATIVE of definite accusative nouns is made by putting interrogative pronouns **Çfarë?** *(things)* and **Kë?** or **Cil? (Cilin?** (m), **Cilën?** (f), **Cilët** (m. pl.)**, Cilat?** (f. pl.) *(persons).*

Here are some xamples:

Xhoni po lexon librin e ri - **Çfarë** lexon Xhoni? (librin).

John is reading the new book.

Ai kupton mësimin - **Çfarë** kupton ai? (mësimin).

He understands the lesson.

Marini takon shokun - **Kë (Cilin)** takon Marini? (shokun).

Marin meets his friend.

Zana takon shoqen - **Kë (Cilën)** takon Zana? (shoqen).

Zana meets her friend.

Marini takon shokët - **Kë (Cilët)** takon Marini? (shokët).

Marin meets his friends.

Zana takon shoqet - **Kë (Cilët)** takon Zana? (shoqet).

Zana meets friends.

EXERCISE 2.

Use in the indefinite form of the accusative nouns with the adjectives in brackets: Example:

Unë shoh (film i bukur) -

Unë shoh *një film të bukur.*

1. Ajo lexon (tregim i gjatë). 2. Mësuesi shpjegon (mësim i ri). 3. Zana ka (shoqe e mirë). 4. Marini ka (shok i mirë).

EXERCISE 3.

Use the nouns and adjectives in the definite form of the accusative case :

Example: Unë shoh (motra e Marinit)

Unë shoh *motrën e Marinit.*

Marini takon (shoku i shkollës).	Zana më jep (trëndafili i kuq).
Xhoni sodit (pema e lartë).	Mësuesi shpjegon (mësimi i ri).
Unë shoh (shtëpi e madhe)	Ana dëgjon (pyetjet e mësuesit)

EXERCISE 4.

Change the sentences from Exercises 2 and 3 into the interrogative:

Example: Unë shoh një film të bukur. **Çfarë shoh unë?**
Unë shoh motrën e Marinit. **Kë (cilën) shoh unë?**

VOCABULARY:

uri-a - hunger
kam uri - I am hungry
mos keni uri ? are you hungry?
kam etje - I am thirsty
shkojmë në restorant - let's go to
the restaurant
çfarë urdhëroni?- what would you
like to order?
para së gjithash - first of all
na sillni ca birrë - bring us some
beer
ç'dëshironi për të ngrënë? - what
do you want to eat?
porosit - to order
porositni i pari - you order first
sallatë-a - salad
sallatë zarzavatesh, frutash etj. -
vegetable salad, fruit salad etc.
kastravec-i - cucumber
qep/a-a - onion
bulon-i - broth
kotoletë viçi - beef cutlet

mos harroni - don't forget
supë-a - soup
fileto - filet
peshk - fish
pak bukë - some bread
kamarier-i - waiter
porosi-a - order
solli gjellët - brought the dishes
(meals)
u tha - said to them
gjellë-a - meal
i (e) shijshëm - delicious
pasi - after
thirrën - they called
drekë-a - lunch
i (e) mërzitshëm - boring
tregim - story
trëndafil-i - rose
i (e) gjatë - high
i (e) kuq - red

MËSIMI I TREMBËDHJETË - LESSON 13

I. NJË DITË PUNE E XHON SMITHIT
JOHN SMITH'S WORK DAY

A.

Xhon Smithi zakonisht ngrihet herët në mëngjes. Ai zbret në restorant, ha mëngjesin dhe fillon menjëherë ditën e punës. Në fillim shfleton gazetat ose revistat dhe shënon artikujt që mund t'i interesojnë. Për përkthimin e tyre e ndihmon edhe Marini.

I pari e hap derën e dhomës së tij Marini. Xhoni punon me Marinin disa orë. Pastaj Xhoni shkon në ndonjë ndërmarrje apo institucion për të mbledhur materiale për artikujt e tij. Ai takohet me shumë njerëz: me intelektualë, punëtorë, fshatarë, biznesmenë dhe politikanë.

Në orën 3 pasdite ha drekën dhe pushon pak. Pastaj merret me përpunimin e materialeve dhe shkruan artikujt. Një orë në ditë merret me mësimin e gjuhës shqipe.

Në mbrëmje ai del shëtitje ose shkon në ndonjë koncert. Shpeshherë, pasi ha darkën, ulet para televizorit dhe ndjek programin. Ai ndjek me vëmendje sidomos lajmet.

B. TRANSLATION:

John Smith usually wakes up early in the morning. He goes down to the restaurant for his breakfast and begins his work day at once. He begins by looking at newspapers and magazines, leafing through the pages and marking the articles that interest him.

Marin is first to enter his office. John works together with Marin for several hours. Then, John goes to different businesses or institutions to gather materials for his reports. He meets many different people such as intellectuals, workers, farmers, businesspeople and politicians.

At 3 p.m. he has lunch and rests a little. Then he goes over the materials and begins to write the reports. One hour each day he studies the Albanian language.

In the evening , he takes a walk or goes to a concert. After dinner, he often sits down in front of the television and watches a program. He likes to watch the news in particular.

C. QUESTIONS - ANSWERS

- Çfarë bën Xhoni çdo mëngjes?
What does John do every morning?
- Ai ngrihet, zbret në restorant, ha mëngjesin dhe fillon ditën e punës.

He wakes up, goes down to the restaurant, eats breakfast and begins his work day.

- Me kë punon ai disa orë?

Who does he work with for several hours a day?

- Ai punon disa orë me Marinin.

He works with Marin for several hours a day.

- Kush e ndihmon Xhonin për përkthimin e artikujve?

Who helps John translate the articles?

- Për përkthimin e artikujve Xhonin e ndihmon edhe Marini.

Marin also helps John translate the articles.

- Kush e hap derën i pari në dhomën e tij?

Who is the one to open his office door first?

- I pari e hap derën në dhomën e tij Marini.

Marin is the first to open the door to his office.

- Ku shkon pastaj Xhoni? *Where does John go then?*

- Pastaj ai shkon në institucione të ndryshme.

Then he goes to different institutions.

- Me kë takohet ai?

Whom does he meet?

- Ai takohet me shumë njerëz: me intelektualë, punëtorë, fshatarë, biznesmenë dhe politikanë.

He meets many people such as intellectuals, workers, farmers, businesspeople and politicians.

- Çfarë bën ai në orën tre?

What does he do at 3 p.m.?

- Në orën 3 ai ha drekën dhe pushon pak.

At 3 p.m. he has lunch and rests a little.

- Me se merret pastaj?

What does he do afterwards?

- Pastaj ai merret me përpunimin e materialeve ose shkruan artikuj.

Then he goes over the materials or writes articles.

- Çfarë bën ai shpeshherë pasi ha darkën?

What does he often do after dinner?

- Shpeshherë, pasi ha darkën, ai ulet para televizorit dhe ndjek programet.

After dinner he sits in front of the TV and watches programs.

- Çfarë ndjek ai sidomos me shumë vëmendje?

What does he like the most?

- Ai ndjek sidomos me shumë vëmendje lajmet.

He especially likes to watch the news.

II. GRAMMAR:

A. THE SECOND CONJUGATION OF THE VERBS. PRESENT OF INDICATIVE
AND SUBJUNCTIVE

The verbs that end in consonants are included in the second conjugation, for
example:

përsëris *(to repeat)*	ha**p** *(to open)*	mby**ll** *(to shut)*
mble**dh** *(to gathe*r)	ndje**k** *(to follow)*	sho**h** *(to see)*

In the Present of Indicative the verbs of second conjugation have these endings:

	Singular		Plural

hap *(to open)*

unë	hap	ne	hap-im
ti	hap	ju	hap-ni
ai	hap	ata	hap-in
ajo	hap	ato	hap-in

mbyll *(to shut)*

unë	mbyll	ne	mbyll-im
ti	mbyll	ju	mbyll-ni
ai	mbyll	ata	mbyll-in
ajo	mbyll	ato	mbyll-in

shoh *(to see)*

unë	shoh	ne	shoh-im
ti	sheh	ju	shih-ni
ai	sheh	ata	shoh-in
ajo	sheh	ato	shoh-in

EXERCISE 1.

Conjugate the verbs in the following sentences:

1. Unë hap derën e dhomës.   Ne hapim derën e dhomës.
   Ti ... derën e dhomës.   Ju ... derën e dhomës.
   Ai (ajo) ... derën e dhomës. Ata (ato)... derën e dhomës.
2. Unë shoh një shfaqje të re. Ne shohim një shfaqeje të re.
   Ti... një shfaqje të re.   Ju ... një shfaqje të re.
   Ai (ajo) ... një shfaqje të re. Ata (ato) ... një shfaqje të re.

EXERCISE 2.
*Use the verbs in the Present tense, coordinating them with the subject in num-
ber and in person.*
   Example: Xhoni (ndjek) programin televiziv.
      Xhoni ndjek programin televiziv.

1)Marini (mbledh) materiale për artikullin. 2) Zana me Anën (sodis) një vitrinë. 3) Xhoni (pyes) Marinin për një fjalë shqip. 4) Ju (marr) një libër nga shtëpia. 5) Ata (hap) derën e dhomës.

B. THE ACCUSATIVE CASE OF NOUNS WITH PREPOSITIONS:

The nouns in the Accusative case can be used with these prepositions: **me** (with, together with), **pa** (without), **mbi** (above), **në** (in, at), **për** (for).

me - *with*
Unë dal **me** shokun **për** një shëtitje. - *I go for a walk **with** my friend.*
Xhoni punon **me** Marinin. *John works **with** Marin.*
Xhoni **me** Zanën punojnë bashkë. *John **works** together **with** Zana.*
Ai po shkruan **me** laps. *He is writing **with** a pencil.*

pa *(without)*
Xhoni flet shqip **pa** gabime. *John speaks Albanian **without** mistakes.*
Sot Ana doli **pa** çadër. *Anna went out **without** an umbrella today.*

për *(about, for)*
Ai po shkruan një artikull **për** Shqipërinë. *He is writing an article **about** Albania.*
Xhoni pyet Marinin **për** mësimin. *John asks Marin **about** the lesson.*
Ata luftojnë **për** lirinë e tyre. *They are fighting **for** their freedom.*

në *(in, at)*
Xhon Smithi banon **në** hotel. *John Smith lives **in** the hotel.*
Vëllai i Marinit shkon **në** shkollë. *Marin's brother goes **to** school.*

EXERCISE 3.
Use the appropriate prepositions in the following sentences:
Example: Xhoni ngrihet herët ... mëngjes.
   *Xhoni ngrihet herët **në** mëngjes.*

Pastaj ai zbret ... restorant dhe ha mëngjesin.
Ai punon ... Marinin disa orë në ditë.
Pastaj ai shkon përsëri ... dhomë.
Ai takohet ... shumë njerëz: intelektualë, punëtorë, fshatarë, biznesmenë dhe politikanë.
Ai ndjek ... vëmendje sidomos lajmet.

EXERCISE 4.
Translate this dialogue into English:

- Le të shkojmë sonte në koncert.
- Çfarë koncerti është sonte?
- Sonte është një koncert me muzikë shqiptare.
- Mund të gjejmë bileta?
- Po, mund të gjejmë.
- Shkojmë atëherë. Mua më pëlqen muzika shqiptare.

VOCABULARY:

zakonisht - usually
sidomos - especially
ngrihem - to wake up
ha mëngjesin - to have breakfast
filloj - to start, to begin
shfletoj - to turn the pages,
përkthim-i - translation
hap - to open
ndërmarrje-a - enterprise
institucion-i - institution
mbledh - to gather
materiale - materials,
documentation
takohem - to meet
politikanë-i - politician
fshatar-i - peasant, farmer
intelektual-i - intellectual
përpunim-i - to elaborate
merrem me - to be interested in
ndjek - to follow, to pursue
me vëmendje - attentively
emision-i - transmission
lajmet - the news
programi televiziv - TV program

mbyll - to shut, to close, to lock
sodis - to gaze, to contemplate,
to look
ngjaj - to resemble
dal - to go out
gabim-i - error, mistake
çadër-a - umbrella
banoj - to live
vij (vjen) - to come
zbres - to go down, to decline
fragment-i - fragment, excerpt
kompozitor-i - composer
gjej - to find
më pëlqen - I like
a mund të gjejmë bileta - can we
find tickets?

MËSIMI I KATËRMBËDHJETË - LESSON 14

I. XHONI BËN NJË VIZITË NË FAMILJEN E MARINIT
JOHN PAYS A VISIT TO MARIN'S FAMILY

A.

Një të diel Xhoni vendos të bëjë një vizitë në familjen e Marinit.

Në orën dhjetë të mëngjesit Marini e pret Xhonin poshtë në hollin e hotelit.

Shtëpia e Marinit nuk është larg nga qendra e qytetit. Ata kalojnë sheshin "Skënderbeg" dhe prapa Bankës së Shtetit Xhoni sheh një pa-llat të madh. Në këtë pallat banon familja e Marinit. Rrugës Xhoni blen një buqetë me lule për të zonjën e shtëpisë, të ëmën e Marinit.

Të gjithë anëtarët e familjes dalin tek dera e apartamentit për të pritur mysafirin amerikan. Xhoni takohet me të atin, të ëmën dhe motrat e Marinit.

- Mirë se erdhët! - e përshëndesin ata.
- Mirë se u gjejë! - përgjigjet Xhoni.

Ata e ftojnë mysafirin të ulet në dhomën e pritjes. E ëma e Marinit falënderon Xhonin për buqetën me lule, ndërsa i ati e mban me muhabet. Aty ndodhet edhe gjyshja e Marinit, një plakë e përzërmërt dhe mikpritëse. Xhoni bisedon dhe me të motrat e Marinit. Ato e gostisin me pije dhe fruta. Të gjithë kënaqen nga biseda e ngrohtë dhe e këndshme.

Xhoni ndahet me të gjithë dhe thotë:
- Mirupafshim!
- Mirse se të vini përsëri! - përgjigjen ata.

B. Translation:

One Sunday, John decides to pay a visit to Marin's family.

At 10 a.m. Marin waits for John in the hotel's main hall downstair Marin's house is not far from the center of the city. They pass Skënderbeg Square and behind the State Bank John sees a big building. Marin's family lives in this building. Along the way John buys a bunch of flowers for the lady of the house, Marin's mother.

All members of the family come out to welcome the American guest. John meets Marin's father, mother and his sisters.

"Welcome!" they said.

"I am glad to see you," said John.

They invite him to the living room. Marin's mother thanks John for the flowers, while Marin's father chats with John. Marin's grandmother, a very spirited and hospitable old woman, is there as well. John talks to Marin's sisters too. The offer him drinks and fruits. They are all delighted by the warm and pleasant conversation.

On his way out John says, "See you again."

"You are always welcome here. Please come again," they answer.

C. QUESTIONS - ANSWERS

- Çfarë vendos të bëjë një të diel Xhoni?

What does John decide to do one Sunday?

- Një të diel Xhoni vendos të bëjë një vizitë në familjen e Marinit.

One Sunday, John decided to pay a visit to Marin's family.

- Ku e pret Marini Xhonin?

Where does Marin wait for John?

- Marini e pret Xhoin në hollin e hotelit.

Marin waited for John at the hotel's hall.

- Ku banon familja e Marinit?

Where does Marin's family live?

- Familja e Marinit banon në një pallat të madh.

Marin's family lives in a big building.

- Çfarë blen gjatë rrugës Xhoni?

What does John buy along the way?

- Gjatë rrugës Xhoni blen një buqetë me lule për të zonjën e shtëpisë, të ëmën e Marinit.

Along the way, John buys a bunch of flowers for the lady of the house, Marin's mother.

- Kush del për të pritur mysafirin amerikan?

Who goes out to welcome the American guest?

- Për të pritur mysafirin amerikan dalin të gjithë anëtarët e familjes tek dera e apartamentit.

All members of the family go out to welcome the American guest.

- Me kë takohet Xhoni?

Who does John meet?

- Xhoni takohet me të atin, të ëmën dhe motrat e Marinit.

John meets Marin's father, mother and his sisters.

- Ku e ftojnë të ulet mysafirin?

Where do they invite him to be seated?

- Mysafirin e ftojnë të ulet në dhomën e miqve.

They invite the guest to be seated in the living room.

- Çfarë bën e ëma e Marinit?

What does Marin's mother say?

- E ëma e Marinit falënderon Xhonin për buqetën me lule.

Marin's mother thanks John for the flowers.

- Me kë tjetër bisedon Xhoni?

Who else does John talk to?

- Xhoni bisedon gjithashtu me motrat e Marinit.

John talks to Marin's sisters as well.

- Çfarë thotë Xhoni kur ndahet?

What does John say on his way out?

Kur ndahet Xhoni thotë: "Mirupafshim!"

On his way out John says, "See you again."
- Si përgjigjen të zotët e shtëpisë?
How do the hosts answer?
Të zotët e shtëpisë përgjigjen: "Mirë se të vini përsëri!".
The hosts answer, "You are always welcome. Come again."

II GRAMMAR:

A. THE FORMER ARTICLES I, E, TË USED WITH THE NOUNS THAT INDICATE FAMILY RELATIONSHIPS

We have talked about third person possessive pronouns in prior lessons. Here are some more examples:

	Singular		Plural
Masculine	*Feminine*		
shoku i tij	shoku i saj	shoku i tyre	*(his, her, their friend)*
motra e tij	motra e saj	motra e tyre	*(his, her, their sister)*
shokët e tij	shokët e saj	shokët e tyre	*(his, her, their friends)*
motrat e tij	motrat e saj	motrat e tyre	*(his, her, their sisters)*

If the nouns indicate family relationships, they can be substituted by the former articles **i, e, të,** for example:

Singular			**Plural**
Masculine	*Feminine*		
ati i tij *(his father)*	ati i saj	ati i tyre	**i ati**
nëna e tij *(his mother)*	nëna e saj	nëna e tyre	**e ëma**
motra e tij *(his sister)*	motra e saj	motra e tyre	**e motra**
vëllai i tij *(his brother)*	vëllai i saj	vëllai i tyre	**i vëllai**
biri i tij *(his son)*	biri i saj	biri i tyre	**biri**
bija e tij *(his daughter)*	bija e saj	bija e tyre	**e bija**

In the Accusative case, the article **i** (masc.) and article **e** (fem.) are substituted by the article **të,** for example:

Nominative	*Accusative*	
ka ardhur *(has come)* i ati	shoh *(I see)*	të atin
e ëma	të ëmën	
e motra	të motrën	
i vëllai	të vëllanë	
i biri	të birin	
e bija	të bijën	

78

EXERCISE 1.

Translate the following sentences into English:

1. Unë shoh Petritin dhe të vëllain. 2. Zana po shpie të motrën në stacionin e trenit. 3. Marini takon të atin. 4. E njoh mirë të birin. 5. Ja tek është e bija. 6. I ati është shqiptar. Edhe e ëma është shqiptare.

EXERCISE 2.

Translate the following sentences into Albanian:

1. I see their daughter.
2. Look, his father is coming.
3. Her brother is a physician.
4. I meet his son.
5. I see her daughter.
6. Now his son is playing.

B. DEMONSTRATIVE PRONOUNS IN THE ACCUSATIVE CASE

In Albanian, the Demonstrative pronouns of the singular *ky (this, m.)*, *kjo (this, f..)* and *ai (he)*, *ajo (she) (for the definite persons or things)* change into the Accusative as follows:

Nominative	Accusative
Ky libër është interesant.	Unë po e lexoj **këtë** libër interesant.
This book is interesting.	I am reading this interesting book.
Kjo mace është e bukur.	Mos e prek **këtë** mace.
This cat is beautiful.	*Don't touch this cat.*
Ai libri është interesant.	E keni lexuar **atë** librin?
That book is interesting.	Did you read that book?
Ajo macja është e bukur.	E keni parë **atë** macen?
That cat is beautiful.	Did you see that cat?

EXERCISE 3.

Put the Demonstrative pronouns into the accusative:

Unë marr (**ai**) libër.
Unë bisedoj me (**ajo**) vajzë.
Ti shëtit me (**ky**) djalë.
Ajo takohet me (**kjo**) vajzë.

VOCABULARY:

vendos - to decide

bëj vizitë - to visit

familj/e-a - family

pres - to wait

holl-i - hall

kaloj sheshin - to pass the square

pallat-i - building

apartament-i - apartment

blej - to buy

buqetë me lule - a bunch of flowers

e zonja e shtëpisë - hostess

i ati - (his, her) father

e ëma - (his, her) mother

i vëllai - (his, her) brother

e motra - (his, her) sister

i biri - (his, her) son

e bija - (his, her) daughter

të gjithë - all

dal për të pritur - come out to meet someone

përshëndetem - to greet, to hail

mirë se erdhët - welcome, you are welcome

mirë se u gjej - I am glad to see you

dhoma e pritjes -living room

fus - to put, to insert, to introduce

gjysh/e-ja - grandmother

gjysh-i - grandfather

mbaj me muhabet - to make small talk, to chat

mikpritës - hospitable

i(e) përzëmërt - cordial

gostis - to treat

mirë se të vini përsëri - you are welcome next time

ndahem - to part

MËSIMI I PESËMBËDHJETË - LESSON 15

I. TAKIMI I MINISTRAVE TË JASHTËM TË BALLKANIT
THE MEETING OF BALKAN FOREIGN MINISTERS

A.

Së shpejti në Tiranë do të vijnë ministrat e jashtëm të të gjitha shteteve të Ballkanit. Ata do të zhvillojnë një takim, ku do të diskutojnë mjaft probleme me rëndësi për paqen dhe sigurimin në gadishullin e Ballkanit.

Takimi do të zhvillohet në Pallatin e Kongreseve. Atë do ta hapë ministri i jashtëm i Shqipërisë, që është edhe shteti organizator. Pritet që ai të shtrojë edhe problemin e Kosovës.

Për të njoftuar opinionin publik për këtë takim në Tiranë do të vijnë dhe shumë gazetarë të huaj.

Takimin do ta ndjekë edhe Xhon Smithi. Ai do të shkruajë për shtypin amerikan dhe do të njoftojë për ecurinë dhe rezultatet e këtij takimi opinionin amerikan.

B. TRANSLATION:

Foreign ministers of all the Balkan states will arrive in Tirane soon. They will meet to discuss many important issues about peace and security in the Balkans.

The meeting will be held in the Palace of Congress. The Albanian Foreign Minister will be the moderator. Albania is hosting the meeting. The Foreign Minister of Albania is expected to discuss the problem of Kosova.

Many reporters will come to Tirane to cover the meeting.

John Smith will cover the meeting, too. He will report for the American press and will inform the American public about the outcome of the meeting.

C. QUESTIONS - ANSWERS:

- Kush do të vijë së shpejti në Tiranë?

Who will come to Tirane soon?

- Së shpejti në Tiranë do të vijnë ministrat e jashtëm të të gjitha shteteve të Ballkanit.

Foreign ministers of all the Balkan states will come to Tirane soon.

- Çfarë do të bëjnë ata?

What will they do?

Ata do të zhvillojnë një takim.

They will hold a meeting.

- Çfarë do të diskutojnë ata në takim?

What will they discuss at the meeting?

- Në takim ata do të diskutojnë mjaft probleme me rëndësi për paqen dhe sigurimin në gadishullin ballkanik.

They will discuss many important issues about peace and security in the Balkan peninsula.

- Kush do ta hapë takimin?

Who will moderate the meeting?

- Takimin do ta hapë ministri i jashtëm i Shqipërisë, që është shteti organizator.

The Albanian Foreign Minister, who is also the host, will moderate the meeting.

- Kush do të vijë për të njoftuar opinionin publik për këtë takim?

Who will come to inform the public about the meeting?

- Për të njoftuar opinionin publik për këtë takim do të vijnë shumë gazetarë të huaj.

Many foreign reporters will come to inform the public about the meeting.

- Kush tjetër do ta ndjekë takimin?

Who else will cover the meeting?

- Takimin do ta ndjekë edhe Xhon Smithi.

John Smith will cover the meeting too.

- Çfarë do të bëjë ai?

What will he do?

- Ai do të shkruajë për shtypin amerikan dhe do të njoftojë opinionin publik amerikan për rezultatet e takimit.

He will report for the American press and will inform the American public about the outcome of the meeting.

II. GRAMMAR:

A. FUTURE TENSE OF THE INDICATIVE

The above text used many verbs that are in the Future of the Indicative, fo example: **do të vijnë, do të zhvillojnë, do të diskutojnë, do të zhvillohet, do ta hapë, do të jetë, do të shkruajë, do të njoftojë.**

The Future tense of the Indicative is formed by adding the particle **do** to the Present of the Subjunctive mood. For example: **të vij, të punoj, të diskutoj** etc.) - **do të vij, do të punoj, do të diskutoj** etc..

1 *FIRST CONJUGATION:*

Njoftoj *(to inform)*

unë do të njoftoj *(I shall inform)*		ne	do të njoftojmë
ti do të njoftosh		ju	do të njoftoni
ai (ajo) do të njoftojë		ata (ato)	do të njoftojnë

Negative: unë nuk (s') do të njoftoj ... *I shall not inform...*

EXERCISE 1.

Put the verbs in bracket in the Future:

Example: Ato (shoh) filmin e ri.

Ato *do të shohin* filmin e ri.

1. Unë (shkruaj) një artikull.
2. Ti (shkoj) sonte në koncert.
3. Xhoni (njoftoj) për takimin e ministrave të jashtëm.
4. Zana (shkruaj) për koncertin.

5. Mësuesi (shpjegoj) mësimin e ri.
6. Gazetarët (njoftoj) opinionin publik për takimin e ministrave.
7.Unë (lexoj) një libër në gjuhën shqipe.

2 SECOND CONJUGATION:

hap *(to open)*

unë	do të hap *(I shall open)*	ne	do të hapim
ti	do të hapësh	ju	do të hapni
	ai (ajo) do të hapë	ata (ato)	do të hapin

Negative : unë nuk (s') do të hap... *I shall not open*

EXERCISE 2.

Put the verbs in brackets in the Future

1. *Unë (dal) sonte për shëtitje.*
2. *Ti (bëj) nesër një artikull.*
3. *Marini (blej) një gazetë.*
4. *Ju (përsërit) mësimin.*
5. *Ne (flas) me shokun e ri.*
6. *Zana (blej) një buqetë me lule.*
7. *Ata (marr) me vete edhe shokun e ri.*
8. *Ato (hap) derën dhe (hyj) në dhomë.*

3.THE FUTURE TENSE OF IRREGULAR VERBS KAM *(TO HAVE)* AND JAM *(TO BE)*

	Kam		**Jam**
unë	do të kem	*I shall have*	do të jem *I shall be*
ti	do të kesh		do të jesh
ai (ajo)	do të ketë		do të jetë
ne	do të kemi		do të jemi
ju	do të keni		do të jeni
ata (ato)	do të kenë		do të jenë

Negative: nuk do të kem...*I shall not have* nuk do të jem ... *I shall not be*

EXERCISE 3.
Put the verbs in brackets in the future of the indicative.

1. Nesër unë (jam) në mbledhje.
2. Ti (jam) i lirë sonte?
3. (Kam) kohë të lirë sonte, Marin?
4. Zana, (jam) e zënë nesër?
5. Ju (kam) mbledhje nesër?
6. Ne (jam) sot në një takim.
7. Edhe shokët e shoqet tona (jam) në takim.

4. *PARTICULAR VERBS*

Pay attention to the future tense of these irregular verbs:

Blej *(to buy):*		**vij** *(to come):*	
Present	*Future*	*Present*	*Future*
unë blej	do të blej	vij	do të vij
ti blen	do të blesh	vjen	do të vish
ai(ajo) blen	do të blejë	vjen	do të vijë
ne blejmë	do të blejmë	vijmë	do të vijmë
ju blini	do të blini	vini	do të vini
ata (ato) blejnë	do të blejnë	vijnë	do të vijnë

B. THE USE OF WORDS: DISA *(some, several)*, SHUMË *(many, lot of)*, MJAFT *(enough)* etc.

After the words *disa (some)*, *shumë (many)*, *mjaft (enough)* the indefinite noun in the plural is used. Example:

shumë shokë, gazetarë, shoqe /	*a lot of friends, reporters, companions*
disa gazeta, shtete, lule/	*some newspapers, states, flowers*
mjaft nxënës, mësues, gazetarë	*many pupils, teachers, reporters*

Note the use of these words in the following sentences:

Në takim do të jenë të pranishëm <u>shumë gazetarë të huaj.</u>
There will be present many reporters at the meeting.
Zana shkruan <u>në mjaft gazeta.</u>
Zana writes for many newspapers.
Xhoni do të blejë <u>disa fletore.</u>
John will buy some notebooks.
Marini ka<u> disa miq.</u>
Marin has several friends.

Disa shokë nuk do të vijnë në takim.
Some of his friends will not come to the meeting.
Zana do të takohet me mjaft shoqe.
Zana will meet many of her friends.

VOCABULARY:

së shpejti - soon
vij - to come
ministër - minister
i jashtëm - foreign, exterior
shtet - state
zhvilloj - to hold, to develop
diskutoj - to discuss
problem - problem, issue
mjaft - enough, a lot
paqe - peace
bashkëpunim - cooperation
për paqen - for peace
gadishull - peninsula

Ballkan - Balkan
ballkanik - of Balkan, Balkan's
organizator - organizer, host
opinioni publik - public opinion
i huaj - foreign
ndodhem - to be (I am)
shtyp-i - press
ndjek - to cover, to pursue
njoftoj - to inform
i lirë - free
i zënë (jam) - to be busy

MËSIMI I GJASHTËMBËDHJETË - LESSON 16

I. XHONI, ZANA DHE MARINI NË PAZARIN E FSHATARËVE
JOHN, ZANA AND MARIN AT THE FARMER'S MARKET

A.

Xhoni: Pse quhet ky vend Pazari i fshatarëve?

Zana: Quhet kështu sepse këtu vijnë fshatarët e fshatrave për rreth dhe shesin prodhimet e tyre të tepërta.

Marini: Këtu mund të gjesh fruta dhe zarzavate të freskëta gjatë të gjithë stinëve të vitit, sidomos në verë dhe në vjeshtë.

Xhoni: Po, e shoh. Këtu ka nga të gjitha llojet e frutave: rrush, pjeshkë, mollë, shegë, fiq, si dhe shumë zarzavate, si patate, domate, qepë, hudhra, lakra, spinaq, sallatë etj.

Zana: Unë po blej në fillim zarzavatet. *(Shitësit)* Më peshoni, ju lutem, dy kilogramë patate, një kilogram domate, një qepë dhe një spinaq. Sa kushtojnë?

Shitësi: Këto kushtojnë 150 lekë.

Zana: Merrni paratë, ju lutem. Keni tamam 150 lekë.

Shitësi: Falemnderit.

Marini: Patatet janë të reja, edhe domatet të pjekura dhe të kuqe. Ndërsa spinaqi dhe sallata janë krejt të freskët.

Zana: Tani të shohim për fruta. Çfarë ju pëlqen më shumë, zoti Xhon, rrushi i bardhë apo rrushi i zi?

Xhoni: Mua më pëlqejnë më shumë rrushi i bardhë dhe fiku i zi.

Zana: Shumë mirë. Ky këtu ka rrush dhe fiq të mirë. *(Shitësit)* Më peshoni, ju lutem, dy kile rrush të bardhë dhe një kile fiq të zinj. Sa kushtojnë?

Shitësi: 120 lekë.

Zana: Ja tek keni 150 lekë. Më peshoni dhe një kile shegë meqë teprojnë 30 lekë.

Shitësi: Falemnderit. Mirë ardhshi përsëri!

Xhoni: Shegët janë krejt të kuqe dhe shumë të bukura në të parë.

Marini: Mua më pëlqejnë shegët shumë. Janë një frut shumë i shijshëm.

Zana: Dhe tani ikim. Mjaft për sot!

B. TRANSLATION

John: Why is this place called the farmer's market?

Zana: Because farmers from the surrounding villages come here to sell their surplus products.

Marin: Here you can find fresh fruits and vegetables all year round, but mostly during summer and fall.

John: Yes, I can see that. Here are all kind of fruits such as grapes, peaches, apples, pomegranates, figs and many vegetables such as potatoes, tomatoes, onions, garlic, cabbage and spinach.

Zana: l am going to buy the vegetables first. (To the vendor). I would like two kilograms of potatoes, one kilogram of tomatoes, one onion and some spinach. How much does that cost?

Seller: That is 150 leks.

Zana: Here is the money. It is exactly 150 leks.

Seller: Thank you.

Marin: The potatoes are fresh and the tomatoes are ripe and red. The spinach and salad are quite fresh as well.

Zana: Let us look for fruit. What do you like more, Mr. Smith, the white or black grapes?

John: I like white grapes and the black figs better.

Zana: This man here has good grapes and figs. (To the fruitseller). Please give me two kilograms of white grapes and one kilogram of black figs. How much do they cost?

Seller: That will be 120 leks, please.

Zana: Here, you have 150 leks. I would like one kilograms of pome granates since I have 30 leks left.

Seller: Thank you and come again.

John: The pomegranates are very red and they look very nice.

Marin: I like pomegranates very much. They are a very tasty fruit.

Zana: And now, let us go. This is enough for today.

C. ENRICH YOUR VOCABULARY

pem/ë-a (frut) - fruit
pemëshitës-i - fruitseller
rrush-i - grape
pjeshkë-a - peach
fik-u (pl.fiq-të) - fig
arr/ë-a - walnut
sheg/ë-a - pomegranate
moll/ë-a- apple
dardh/ë-a - pear
kumbull-a - plum

qershi-a- cherry
kajsi-a - apricot
portokall-i - orange
limon-i - lemon
mandarin/ë-a - mandarin
patate (patatja) - potato
qepë-a - onion
kungull-i - squash
kastravec-i - cucumber
domate (domatja) - tomato

II. GRAMMAR:

A. THE PLURAL OF SOME NOUNS:

Let us remember the plural of some nouns:

B. THE PLURAL OF THE ADJECTIVES PRECEDED BY A CONNECTIVE ARTICLE IN THE ACCUSATIVE

Indefinite form		Definite form	
(një) fik-	(shumë) fiq	fiku -	fiqtë
patate	patate	patatja -	patatet
rrush	rrush	rrushi -	rrushtë
karrotë	arrota	karrota -	karrotat
lakër	lakra	lakra -	lakrat
shegë	shegë	shega -	shegët
sallatë	allatë	sallata-	sallatrat
arrë	arra	arra -	arrat
domate	domate	domatja-	domatet
portokall	portokalla	portokalli -	portokallat
mandarinë	mandarina	mandarina -	mandarinat
trëndafil	trëndafila	trëndafili -	trëndafilat
karafil	karafila	karafili -	karafilat

Below are some examples of the plural of the adjectives preceded by a connective article in the indefinite and definite forms:

Indefinite form	*Definite form*
Masculine	
Nom. (disa) shokë të mirë	shokët e mirë
(disa) fiq të bardhë	fiqtë e bardhë
Acc. (disa) shokë të mirë	shokët e mirë
(disa) fiq të bardhë	fiqtë e bardhë

Indefinite form	*Definite form*
Feminine	
Nom. (disa) shoqe të mira	shoqet e mira
(disa) shegë të ëmbëla	shegët e embëla
Acc. (disa) shoqe të mira	shoqet e mira
(disa) shegë të ëmbëla	shegët e embëla

Follow carefully the use of the plural of indefinite and definite adjectives in the nominative and the accusative:

1. Unë kam shokë të mirë.
2. Zana do të blejë ca* shegë të ëmbëla.
3. Zana i bleu shegët e ëmbëla.
4. Marini do të blejë ca rrush të bardhë dhe ca fiq të zinj.
5. Marini i bleu rrushtë e bardhë e fiqtë e zinj.
6. Keni domate të freskëta?
7. Zana do të blejë domate të freskëta, arra të reja, kumbulla të zeza dhe mandarina të ëmbëla.
8. Zana i bleu domatet e freskëta, arrat e reja, kumbulluat e zeza dhe mandarinat e ëmbëla.

Note: In the spoken language instead of *disa* (some) *ca* is often used.

EXERCISE 1.
Use the appropriate form of the adjectives in brackets:
Examples: Zana do të blejë ca sallatë, ca domate dhe ca kastraveca (të freskët - të freskëta).
  Zana do të blejë ca sallatë, ca domate dhe ca kastraveca *të freskët.*

1. Në pazar mund të blesh lule, zarzavate dhe fruta (të freskët - të freskëta)
2. Zana bleu në pazar domate dhe karrota (të kuq - të kuqe)
3. Në pazar mund të blesh trëndafila, karafila dhe plot lule të tjera (të bukur- të bukura).

EXERCISE 2.
Put the adjective in the brackets into the appropriate case:
Example: Unë bleva ca domate *(i kuq) I bought some red tomatoes.*
  Unë bleva ca domate *të kuqe*

1. Nëna do të blejë në pazar ca zarzavate *(i freskët).*
2. Zana do të blejë shegë *(i ëmbël),* rrush *(i bardhë),* fiq *(i zi)* dhe kumbulla (i zi).
3. Zana i bleu shegët *(i ëmbël),* rrushin *(i bardhë),* fiqtë *(i zi)* dhe kumbullat *(i zi).*
4. Marinit i pëlqejnë mollët *(i ëmbël)* dhe rrushi *(i bardhë).*
5. Xhonit i pëlqejnë fiqtë *(i ëmbël)* dhe portokallët *(i shijshëm).*

VOCABULARY:

pazari i fshatarëve - the farmer's market

quhet - is called

kështu - so

pse - why

fshat-i (pl.fshatra-t) - village, hamlet

shes - to sell

prodhimet e tepërta - extra (superfluous) products, excessive products

mund të blesh - you can buy

zarzavate - green, vegetable

i(e) freskët - fresh

nga të gjitha llojet - all kinds

blej - to buy

shitës - seller

më peshoni, ju lutem - weigh me, please

kilogram-i (kile) - kilogram

sa kushton? - how much is it? How much does it cost?

merrni paratë - here is the money

i(e) pjekur - ripe

i kuq (f. e kuqe)- red

i zi (f. e zezë) - black

i(e) bardhë - white

i shijshëm (f. e shijshme) - tasty

tani ikim - now let us go

mjaft për sot - that's enough for today

A farmer's market in Tirane.

90

MËSIMI I SHTATËMBËDHJETË - LESSON 17

I. XHON SMITHIT I PËLQEN TË SHËTISË NËPËR TIRANË
JOHN SMITH LIKES TO TAKE A WALK THROUGH TIRANE

A.

Xhonit i pëlqen shpesh të shëtisë pasdreke ose në mbrëmje nëpër Tiranë. Në qendër të qytetit ka shumë vende për t'u shlodhur në ajër të pastër apo lokale për të pirë kafe ose birrë. Nganjëherë me të shëtisin Marini ose Zana.

Atij i pëlqen Tirana. I pëlqen të shëtisë nëpër bulevardin e saj kryesor. Ky është vendi më i preferuar për shëtitje. Përgjatë bulevardit lartohen ndërtesat më të rëndësishme publike të kryeqytetit. Dhe kudo ka parqe apo lulishte me shatërvan në mes. Shatërvani më i madh dhe më i bukur është ai në sheshin kryesor.

Nganjëherë Xhoni ulet në tarracën e hotel "Tiranës", që është godina më e lartë. Që andej ai sodit edhe rrethinat e qytetit. Përshtypje të madhe i bën Xhonit mali i Dajtit, i cili lartohet në lindje të qytetit. Ai mbisundon kodrat e buta dhe të bukura që rrethojnë fushën, ku është ndërtuar Tirana.

B. TRANSLATION:

John likes to take frequent afternoon and evening walks through Tirane. In the center of the city there are many places to rest in the open air as well as coffee shops, bars and restaurants to drink coffee or beer. Sometimes he goes for a walk with Marin and Zana. He likes Tirane. He likes to walk through the city's main boulevard. This is his favorite place to walk. Along the boulevard are many important public buildings of the capital city and everywhere there are squares and fountains. The biggest and the most beautiful fountain is the one in the main square.

Sometimes John sits in the terrace of the Tirane Hotel, which is the highest building in the city. From there he contemplates the city's surroundings. John is most impressed by the Dajti mountain to the east. This mountain dominates the beautiful hills that surround the valley where the city of Tirane was built.

C. QUESTIONS - ANSWERS

- Çfarë i pëlqen shpesh Xhonit?

What does John frequently like to do?

- Xhonit i pëlqen shpesh të shëtisë pasdite ose në mbrëmje nëpër Tiranë.

John frequently likes to take afternoon and evening walks through Tirane.

- Çfarë ka në qendër të qytetit?

What is in the center of the city?

- Në qendër të qytetit ka shumë vende për t'u shlodhur në ajër të pastër apo lokale për të pirë kafe ose birrë.

In the center of the city there are many places to rest in the open air as well as coffee shops, restaurants and bars to drink a coffee or have a beer.

91

- Kush shëtit nganjëherë me të?
Who sometimes joins him for his walks?
- Nganjëherë me të shëtisin Marini ose Zana.
Sometimes Marin or Zana join him for his walks.
- Çfarë i pëlqen atij?
What does he like?
- Atij i pëlqen Tirana, i pëlqen të shëtisë në bulevardin e saj.
He likes to walk along Tirane boulevard.
- Çfarë ka kudo?
What is there everywhere?
- Kudo ka parqe dhe lulishte me shatërvan në mes.
Everywhere there are squares and flower-gardens with the fountain in the center.
- Ku ndodhet shatërvani më i madh dhe më i bukur?
Where is the biggest and most beautiful fountain?
- Shatërvani më i ma & dhe më i bukur është ai në sheshin kryesor. *The biggest and most beautiful fountain is in the main square.*
- Ku ulet nganjëherë Xhoni?
Where does John sit sometimes?
- Nganjëherë Xhoni ulet në tarracën e hotel "Tiranës" që është godina më e lartë.
Sometimes Johns sits on the terrace of Tirane Hotel, which is the tallest building in the city.
- Çfarë sodit ai që andej?
What does he see from there?
- Që andej ai sodit rrethinat e Tiranës.
From there he sees the Tirane surroundings.
- Ç'farë i bën përshtypje të madhe Xhonit?
What impresses him the most?
- Xhonit i bën përshtypje të madhe mali i Dajtit që lartohet në lindje të qytetit.
John is impressed the most by the Dajti mountain to the east of the city.

II. GRAMMAR:

THE DEGREES OF THE ADJECTIVE

There are three degrees of the adjective in Albanian: *affirmative, comparative and superlative.*

Affirmative degree
1. Ata po pushojnë në ajër **të pastër**. *They are resting in the open air.*
2. Kjo ndërtesë është **e lartë**. *This building is high.*
3. Ky park është **i bukur.** *This park is beautiful.*

4. Ky rrush është **i bardhë.** *This grape is white.*

Comparative degree
The comparative degree is formed by putting adverb **më** *(more)* before the adjective in the affirmative degree:

Singular				Plural	
masc.	fem.	masc..	fem.		
i bukur	më i bukur	më e bukur		më të bukur	më të bukura
i freskët	më i freskët	më e freskët		më të freskët	më të freskëta
i ëmbël	më i ëmbël	më e embël		më të ëmbël	më të ëmbla
i madh	më i madh	më e madhe		më të mëdhenj	më të mëdha
i vogël	më i vogël	më e vogël		më të vegjël	më të vogla
i fortë	më i fortë	më e fortë		më të fortë	më të forta

Follow carefully the use of the adjectives in comparative degree:

1. Rrushi i zi është më i ëmbël se rrushi i bardhë.
   The black grape is sweeter than the white grape.
2. Nata është më e freskët se dita.
   The night is fresher than the day.
3. Marini është më i ri se Xhoni.
   Marin is younger than John.
4. Zana është më e gjatë se Ana.
   Zana is taller than Anna.

Before the noun being compared to something else, the conjunction **se** *(than)* is added:

Fiku është më i ëmbël se rrushi. *Figs are sweeter than grapes.*
Petriti është më i vogël se Besniku. *Petrit is younger than Besnik.*
Në verë ditët janë më të gjata se netët. *In the summer, days are longer than nights.*

EXERCISE 1.
Translate into English:

1. Në verë ditët janë të gjata. 2. Tirana është qytet i bukur. 3. Gjuha shqipe është e vështirë. 4. Trëndafili është i kuq.

EXERCISE 2.
Put the adjectives in brackets into the comparative degree:

1. Dita është (e ngrohtë) se nata. 2. Tirana është (e vogël) se Nju Jorku. 3. Mali
është (i lartë) se kodra. 4. Nëna ime është (e re) se babai.

Superlative degree

The superlative degree is formed in the same way as the comparative degree
with one difference: the adjective stays in the definite form.

Petriti është më i vogli midis shokëve. *Petrit is the youngest amongst his friends.*

Zana është më e zgjuara midis shoqeve. *Zana is the most clever amongst her
friends.*

Ky vend është më i preferuari për shëtitje. *This place is the most preferred for
walks.*

Më i madhi (shatërvan) është ai në sheshin kryesor. *The biggest one (fountain)
is that in the main square.*

The superlative degree may also be formed by putting before the adjective the
adverbs **shumë** and **fort** *(very)*:

Marini është shok shumë i mirë. *Marin is a very good friend.*

Tirana është qytet fort i bukur. *Tirane is a very beautiful city.*

EXERCISE **3.**

*Use the adjectives in the affirmative, comparative or superlative degree as
indicated by the context:*

Example:

Liria është (e zgjuar). Liria është e zgjuar.

Liria është (e zgjuar) se Zana. Liria është më e zgjuar se Zana.

Liria është (e zgjuar) midis shoqeve. Liria është më e zgjuara midis shoqeve.

1. Marini është shok (i mirë).

Marini është (i mirë) se Petriti.

Marini është (i mirë) midis shokëve.

3. Ky libër është (interesant).

Ky libër është (interesant) se filmi.

Ky libër është (interesant) se të gjithë librat që kam lexuar.

2. Mali është (i lartë).

Mali është (i lartë) se kodra.

Ky mal është (i lartë) në tërë Ballkanin.

4. Molla është (e shijshme).

Molla është (e shijshme) se dardha.

Molla është (e shijshme) nga të gjitha

VOCABULARY:

shëtis (të shëtisë) - to walk

shëtitje-a- walk

ose - or, either

nëpër- through , along

shumë - very (too much)

fort - very (too much)

për t'u shlodhur - to rest

ajër i pastër - the open air

lokal-i - premises

për të pirë - to drink

kafe-ja - coffee, coffeeshop

nganjëherë - sometimes

me të - with him

i(e) preferuar - preferred, favorite

kudo - everywhere

lulisht/e-ja - flower garden

shatërvan-i - fountain

në mes - in the center

kryesor - the main

taracë-a - terrace

i(e) lartë - high, tall

i(e) vogël - little

i(e) madh - big

i ri (e re) - young

që andej - from there

rrethinë - surroundings

përshtypje-a - impression

bën përshtypje - to impress

ngrihet - to be raised

kod/ër-ra - hill

i(e) butë - soft

rrethoj - to surround

fushë-a- field

luginë - valley

është ndërtuar - is constructed

i(e) zgjuar - clever

i(e) mirë - good

Mother Theresa of Calcutta (Agnes Gonxhe Bojaxhi), one of the world's most famous Albanians.

95

Scanderbeg Square in Tirane.

MËSIMI I TETËMBËDHJETË - LESSON 18

I. NË TAKIMIN E MINISTRAVE TË PUNËVE TË JASHTME TË BALLKANIT - AT THE SUMMIT OF THE BALKAN FOREIGN MINISTERS

A.

Sot është dita e hapjes së takimit të ministrave të punëve të jashtme të Ballkanit. Takimi zhvillohet në Pallatin e Kongreseve. Në takim janë ftuar edhe shumë gazetarë të vendit dhe të huaj.

Xhon Smithi zë vendin e tij midis gazetarëve të huaj. Pranë tij ulet dhe Marin Drini.

Në sallë hyjnë me radhë të gjitha delegacionet. Çdo delegacion ulet në vendin e tij rreth një tavoline të rrumbullakët.

- Ky është delegacioni ynë, - thotë Marini. - Ja dhe ministri. Ai do të hapë takimin.

- E di, vendi juaj është organizatori i këtij takimi, - vëren Xhoni.

Pas fjalimit të hapjes të ministrit shqiptar e marin fjalën me radhë ministrat e punëve të jashtme të shteteve të Ballkanit.

Ministri shqiptar shtroi edhe problemin e trajtimit të shqiptarëve që banojnë jashtë Shqipërisë: në Kosovë, Mal të Zi, Maqedoni dhe Greqi.

Xhon Smithi dëgjon me vëmendje fjalimet e oratorëve dhe mban shënime për të informuar sa më mirë opinionin publik të vendit të tij për problemet aq të ngatërruara të Ballkanit.

B. Translation:

Today is the opening of the Balkan Foreign Ministers summit. The meeting is taking place in the Palace of Congress. There are many local and international reporters invited to the meeting.

John Smith sits among the foreign reporters. Next to him is Marin Drini.

Delegations come in one after the other. Each delegation takes its place around the table.

"This is our delegation," said Marin. "Here is the Minister. He will open the meeting."

"I know, your country is organizing this meeting," John says.

Following the Albanian Minister's opening speech, the Foreign Ministers of all the Balkan states take the floor one after the other.

The Albanian Minister put forward the question of the treatment of Albanians outside Albania proper such as Kosova, Montenegro, Macedonia and Greece.

John Smith listened attentively to the speakers and took down notes about the complex Balkan issues.

C. QUESTIONS - ANSWERS:

- Çfarë dite është sot?

What day is today?

- Sot është dita e takimit të ministrave të punëve të jashtme të Ballkanit.

Today is the opening of the Balkan Foreign Ministers Summit.

- Ku zhvillohet takimi?

Where does the meeting take place?

- Takimi zhvillohet në Pallatin e Kongreseve.

The meeting is taking place in the Palace of Congress.

- Kush është ftuar në takim?

Who is invited to the meeting?

- Në takim janë ftuar edhe shumë gazetarë të vendit dhe të huaj.

Many foreign and local reporters are invited to the meeting.

- Ku ulet çdo delegacion?

Where does each delegation sit?

- Çdo delegacion ulet në vendin e tij rreth një tavoline të rrumbullakët.

Each delegation sits around the table.

- Çfarë problemi shtroi delegacioni shqiptar?

What question did the Albanian delegation put forward?

- Delegacioni shqiptar shtroi edhe problemin e trajtimit të shqiptarëve etnikë që banojnë jashtë Shqipërisë: në Kosovë, Mal të Zi, Maqedoni dhe Greqi.

The Albanian delegation brought up the question of the treatment of the ethnic Albanians outside Albania such as Kosova, Montenegro, Macedonia and Greece.

- Çfarë po bën Xhoni?

What is John doing?

- Xhoni dëgjon me vëmendje fjalimet e oratorëve dhe mban shënime, që do t'i shërbejnë për të informuar sa më mirë opinionin publik të vendit të tij për problemet e ngatërruara të Ballkanit.

John is listening to the speeches carefully and taking notes, which will help him to better inform the public about the complex Balkan issues.

II. GRAMMAR:

THE POSSESSIVE PRONOUNS IN THE NOMINATIVE AND ACCUSATIVE CASES:

In the preceding lessons we learned that in Albanian the Possessive pronouns, showing ownership or belonging, are distinguished by person. They agree in gender, number and case with the noun and are used like adjectives.

Here are the Possessive pronouns in the Nominative and Accusative cases:

a. Masculine

Nominative	Accusative
Singular	Singular
libri im (my book)	librin tim (my book)
libri yt (your book)	librin tënd (your book)
libri i tij/i saj (his/her book)	librin e tij/e saj (his/her book)
Plural	Plural
librat e mi (my books)	librat e mi (my books)
librat e tu (your books)	librat e tu (your books)
librat e tij/e saj (his/her books)	librat e tij/e saj (his/her books)

b. Feminine

Nominative	Accusative
Singular	Singular
gazeta ime (my newspaper)	gazetën time (my newspaper)
gazeta jote (your newspaper)	gazetën tënde (your newspaper)
gazeta e tij/e saj (his/her newspaper)	gazetën e tij/e saj (his/her newspaper)
Plural	Plural
gazetat e mia (my newspapers)	gazetat e mia (my newspapers)
gazetat e tua (your newspapers)	gazetat e tua (your newspapers)
gazetat e tij/e saj (his/her newspapers)	gazetat e tij/e saj (his/her newspapers)

EXERCISE 1.

Translate into English:

1. Vëllai im banon në një qytet tjetër. Petriti bisedon me vëllain tim.
2. Prindërit e mi janë pensionistë. Unë jetoj me prindërit e mi.
3. Motra ime është studente. Flisni me motrën time.
4. Shoqet e mia nuk e pëlqejnë futbollin. Unë nuk i shoh shoqet e mia.
5. Vëllezërit e tu janë të vegjël. Ti shkon në stadium me vëllezërit e tu?
6. Nëna jote është pensioniste. E do shumë nënën tënde?
7. Shoqet e tua po punojnë. Ti nuk flet me shoqet e tua?
8. Shoku i tij (i saj) është gazetar. Fola me shokun e tij (e saj).
9. Librat e tij (e saj) janë mbi tavolinë. Merri librat e tij (e saj).
10. Babai yt është mjek. Unë nuk e njoh babain tënd.

EXERCISE 2.

Translate this dialogue into English:

- Ky është shoku yt?

99

- Po, ky është shoku im. Ai është gazetar.
- Po kjo, shoqja jote është?
- Po, kjo është shoqja ime. Ajo është mësuese.
- Ti i do shokët e tu?
- Po, unë i dua shumë shokët e mi. Po ju, i doni ju shokët tuaj?
- Edhe unë i dua shokët e mi.

EXERCISE 3.

Use the possessive pronouns of the third person instead of the first and second person in the above dialogue. Example:

- *Ky është shoku yt?*   - *Ky është shoku juaj?*
- *Ky është shoku i tij.*   - *Ky është shoku i tyre?*
- *Po, ky është shoku i tij.*   - *Po, ky është shoku i tyre.*

VOCABULARY:

dita e hapjes - opening day
takim-i - meeting
zhvillohet - to be held
janë të ftuar - are invited
i (e) vendit - local, native
i (e) huaj - foreign
ulem - to sit down
në vendin e tij - in his place
pranë tij - next to him
rreth një tavoline - around the table
i (e) rrumbullakët - round
delegacion - delegation
hap - to open
organizator-i - organizer
pas ministrit - after the minister
marr fjalën - to take the floor, to speak publicly
fjalim - speech
mbaj fjalim - to deliver a speech

njëri pas tjetrit - one after another
me radhë - in line, successively
të tjerë - the others
problem-i - problem, issue
shtroj - to put forward
shqiptarë etnikë - ethnic Albanians
jashtë - outside
Mal i Zi - Montenegro
me vëmendje - attentively
mbaj shënime - to take notes
informoj - to inform
opinioni publik - public opinion
i (e) ngatërruar - complex

MËSIMI I NËNTËMBËDHJETË - LESSON 19

I. XHONI DHE MARINI VIZITOJNË KRUJËN
JOHN AND MARIN VISIT KRUJE

A.

Të shtunën Xhoni dhe Marini shkuan për të parë qytetin-muze të Krujës. Në hotel Marini flet me drejtuesin e hotelit:

- Unë jam Marin Drini. Ky është zoti Xhon Smith, amerikan. Ne jemi gazetarë dhe kemi porositur dy vende për sonte.

- Ah, ju jeni ata gazetarët? Ju kemi rezervuar dy dhoma. Dhomat tuaja janë në katin e dytë. Urdhëroni çelësat, ndoshta doni të lini plaçkat apo të shlodheni.

- Falemnderit, - përgjigjet Marini. - Po makinën tonë ku mund ta parkojmë, ju lutem?

- Mund ta parkoni në garazhin e hotelit, - përgjigjet drejtuesi i hotelit.

Atë natë Xhoni dhe Marini fjetën shpejt. Të nesërmen në mëngjes ata shkuan për të vizituar pazarin dhe kështjellën e vjetër. Marini i shpjegon Xhonit:

- Kruja është krenaria e kombit tonë. Këtu heroi ynë Gjergj Kastrioti (Skënderbeu) ngriti flamurin kombëtar shqiptar, duke çliruar vendin tonë nga sundimi turk.

Xhonit i bëri përshtypje të madhe kështjella madhështore e Krujës.

B. TRANSLATION:

John and Marin went to see the city museum of Kruje on Saturday. In the hotel, Marin spoke to the manager:

"I am Marin Drini. This is Mr. Smith, an American. We are reporters and have ordered two rooms for tonight."

"Ah! You are the reporters? We have two rooms reserved for you. Your rooms are on the second floor. Here are the keys. Maybe you would like to drop off your baggage and rest?

"Thank you," says Marin. "Please, tell us where we can park the car?"

"You can park in the hotel's garage," answers the manager.

That night John and Marin went to sleep early. The next morning they went to see the bazaar and the old fortress.

Marin explains to John:

"Kruje is the pride of our nation. Here our national hero Gjergj Kastrioti [Skanderbeg] raised the Albanian national flag, liberating our country from Turkish rule.

John was very impressed by the magnificent fortress of Kruje.

C. QUESTIONS - ANSWERS

- Ku shkuan të shtunën Xhoni dhe Marini?

Where did John and Marin go on Saturday?

- Të shtunën Xhoni dhe Marini shkuan për të parë qytetin-muze të Krujës.

John and Marin went to see the city museum of Kruje on Saturday.
- Çfarë i thotë Marini drejtuesit të hotelit?
What does Marin say to the manager?
- Ne jemi gazetarë dhe kemi porositur dy dhoma për sonte.
 "We are reporters and we have reserved two rooms for tonight."
 - Çfarë përgjigjet drejtuesi i hotelit?
 What was the manager's answer?
- Ju kemi rezervuar dy dhoma. Dhomat tuaja janë në katin e dytë. Urdhëroni çelësat, ndoshta doni të lini plaçkat apo të shlodheni.
 "We have reserved two rooms for you. Your rooms are on the second floor. Here are the keys. Maybe you would like to drop off your baggage and rest?"
 - Çfarë i shpjegon Marini Xhonit?
 What does Marin tell John?
- Kruja është krenaria e kombit tonë. Këtu heroi ynë Gjergj Kastrioti [Skënderbeu] ngriti flamurin kombëtar shqiptar, duke çliruar vendin tonë nga sundimi turk.
 "Kruje is the pride of our nation. Here, our national hero, Gjergj Kastrioti [Skanderbeg], raised the Albanian national flag, liberating our country from Turkish rule.

II. GRAMMAR:

POSSESSIVE PRONOUNS OF THE 1ST, 2ND AND 3RD PERSON PLURAL.

In the phrases **dhoma juaj** *(your room),* **plaçkat tuaja** *(your things),* **makinën tonë** *(our machine),* **makinën tuaj** *(your machine),* **flamurin tonë** *(our flag),* **vendin tonë** *(our country),* found above, the Possessive pronouns **juaj, tuaja, tonë, tuaj, tonë** are used in the plural.

In the Nominative and Accusative the Possessive pronouns have the following forms:

Masculine

Singular	Plural
Nominative	
I libri ynë *our book*	librat tanë *our books*
II libri juaj *your book*	librat tuaj *your books*
III librat e tyre *their book*	librat e tyre *their books*
Accusative	
I librin tonë *our book*	librat tanë *our books*
II librin tuaj *your book*	librat tuaj *your books*
III librin e tyre *their book*	librat e tyre *their books*

102

Feminine

Singular   Plural

Nominative

I   dhoma jonë *our room*   dhomat tona *our rooms*
II dhoma juaj *your room*   dhomat tuaja *your rooms*
III dhoma e tyre *their room*   dhomat e tyre *their rooms*

Accusative

I   dhomën tonë *our room*   dhomat tona *our rooms*
II dhomën tuaj *your room*   dhomat tuaja *your rooms*
III dhomat e tyre *their room*   dhomat e tyre *their rooms*

EXERCISE 1.
Make the following phrases plural:
Exampel: shoku ynë - *shokët tanë*

flamuri ynë, apartamenti ynë, lapsi juaj, shënimi i tyre, puna e tyre, shkolla juaj, shoqja e tyre, shtëpia jonë, mësuesi ynë, nëna juaj, motra jonë, vëllai ynë.

EXERCISE 2.
Change the nominative phrases from EXERCISE 1 *into the Accusative singular and plural:*
Example: shoku ynë - *shokun tonë - shokët tanë*
            shoqja jonë - *shoqen tonë - shoqet tona*

EXERCISE 3.
Use the Possessive pronoun of the person indicated in brackets in singular and plural:
Example: Apartamenti (I) është i bukur -
            Apartamenti *im (ynë)* është i bukur.

1. Dhoma (II) ka dritare të mëdha. 2. Makinën (II) mund ta lësh (lini) në garazh. 3. Po e lexoj artikullin (II) me interes të madh. 4. Urdhëroni në shtëpinë (I). 5. Ku punojnë prindërit (III)?

VOCABULARY :

të shtunën - on Saturday
vizitoj - to visit, to see
shkuan për të parë - went to see, to visit
i drejtohem - to address
përgjegjës - manager
kemi porositur - have ordered
një dhomë me dy shtretër - a room with two beds
për sonte - for tonight
kemi rezervuar - have reserved
kati i dytë - second floor
urdhëroni çelësin - here is the key
ndoshta - maybe
doni të lini - you would like to drop off
apo - or

të çlodheni - to rest
ku mund ta parkojmë...? - where can we park...?
makinë - car
garazh - garage
fjetën shpejt - went to sleep early
të nesërmen - next day
shpjegoj - to explain
krenari-a - pride
komb-i - nation
ngriti flamurin - raised the flag
kombëtar - national
duke çliruar - liberating
vendin tonë - our country
sundimi turk - Turkish rule
i bëri përshtypje - impressed
kështjellë - fortress
madhështor - magnificent
shënim - note

Gjergj Kastrioti Scanderbeg Museum in Kruje.

MËSIMI I NJËZETË - *LESSON 20*
REVIEW

This is a review of the vocabulary and grammatical structures presented in lessons 11-19.

EXERCISE 1.

Change the nouns in brackets into the Genitive case:
*Example:*Unë takova babain (shoku).
   Unë takova babain *e shokut.*

1. Dritaret (shtëpia) janë mjaft të mëdha. 2. Unë po lexoj një artikull (gazeta). 3. Ky është libri (vëllai). 4. Në Krujë ngrihet përmendorja (Skënderbeu). 5. Këto janë godinat (ministritë).

EXERCISE 2.

Put questions to the Accusative nouns
Example: Unë lexoj një artikull.
   Çfarë lexoj unë?

1. Marini me Xhonin pijnë birrë të ftohtë. 2. Xhoni po shkruan një artikull. 3. Zana do të blejë fruta të freskëta. 4. Ti bisedon me babain e Marinit. 5. Ana lexon një artikull të gjatë. 6. Ju po shihni një film të bukur. 7. Mësuesi këshillon një nxënës.

EXERCISE 3.

Change the verb in brackets into the correct number and person according to the subject.
Example: Zana (lexoj) një novelë të gjatë.
   Zana *lexon* një novelë të gjatë.

1. Marini (ndihmoj) Xhonin për të mësuar gjuhën shqipe. 2. Marini dhe Xhoni (shëtis) nëpër Tiranë. 3. Nëna po (shkoj) në pazar. 4. Çfarë po (lexoj) Ana? 5. Ata po (dëgjoj) një muzikë të bukur. 6. Çfarë po (bëj) ju?
7. Motra (përsëris) mësimin e ri. 8. Vëllai po (luaj) me shokët.

EXERCISE 4.

Change the words in brackets into the Accusative:
Example: Xhoni po mëson (mësimi i ri).
   Xhoni po mëson *mësimin e ri.*
1. Marini shkruan anglisht pa (gabime të rënda). 2. Zana shkruan me (një laps i vogël). 3. Xhoni sheh (një godinë e lartë). 4. Marini dhe Xhoni vizitojnë (kështjella

e Krujës). 5. Zana po bisedon me (disa turistë të huaj). 6. Nxënësi pyet për (fjalë të reja).

EXERCISE 5.

Fill in the blank with the right preposition:
Example: Marini zbret ... restorant.   *Marini zbret në restorant.*

1. Zana shkon ... pazar. 2. Marini bisedon ... Zanën. 3. Marini dhe Xhoni flasin ... gjuhën shqipe. 4. Nxënësi përgjigjet ... gabime. 5. A shkojmë sonte ... teatër? 6. Ne do të shkojmë ... koncert bashkë ... shokët. 7. Ata bisedojnë ... Shqipërinë. 8. Ju do të shkoni nesër ... Krujë?

EXERCISE 6.

Translate into English:
- Kush është kjo?
- Kjo është motra ime.
- Ku punon ajo?
- Ajo nuk punon. Ajo mëson në shkollë.
- Po vëllai yt ku punon?
- Vëllai im është gazetar.
- Po prindërit e tu ku punojnë?
- Nëna ime është pensioniste, ndërsa babai im është punëtor.

EXERCISE 7.

Change the verb in brackets into the Future tense:
Example: Nesër ne (shkoj) në Krujë.   *Nesër ne do të shkojmë në Krujë.*
1. Sonte ata (shoh) një film të ri.
2. Zana (shkruaj) një artikull për gazetën.
3. Sot ne (përsëris) mësimin e ri.
4. Në Krujë ne (marr) me vete edhe Anën.
5. Unë nuk (jam) nesër në Tiranë.
6. Edhe ata (jam) në takimin e sotëm.
7. Ju (dal) sonte për shëtitje.

Exercise 8.

Change the adjectives in brackets into the appropriate form:
Example: Zana do të blejë ca fruta (i freskët).
         Zana do të blejë ca fruta *të freskëta.*
1. Sonte do të lexoj një libër (i ri).
2. Xhonit i pëlqejnë fiqtë (i ëmbël).
3. Do të blini ca rrush (i ëmbël)?
4. Atij më shumë i pëlqejnë trëndafilët (i kuq).
5. Unë nuk do ta lexoj këtë artikull (i mërzitshëm).

6. Në Tiranë do të zhvillohet takimi i ministrave (i jashtëm).

7. Unë do të shkoj në kinema bashkë me motrën (e vogël).

EXERCISE 9.

Translate into English:

1. Në dimër netët janë më të shkurtra se ditët.
2. Marini e flet anglishten më mirë se Zana.
3. Zana e shkruan shqipen më mirë se Marini.
4. Xhoni ecën më shpejt se Marini.
5. Unë jam më i shkurtër se Xhoni.
6. Gjuha shqipe është shumë e vështirë.

Exercise 10.

Replace the first person Possessive pronouns with the second and third person pronouns into singular:

Example: Ky është shoku **im.**

    Ky është shoku **yt.**

    Ky është shoku *i* **tij (i saj).**

1. Unë e mora librin tim.

2. Babai im punon punëtor.

3. Nëna ime është pensioniste.

4. Shokët e mi do të vijnë nesër në Tiranë.

5. Librat e mi janë mbi tavolinë.

6. Shoqet e mia nuk do të vijnë në teatër.

EXERCISE 11.

Replace the 1st person Possessive pronouns with the 2nd and 3rd person pronouns in the plural.

Example:

    Dhoma **juaj** është në katin e dytë.

    Dhoma **jonë** është në katin e dytë.

    Dhoma **e tyre** është në katin e dytë.

1. Makina juaj është në garazh.
2. Artikulli juaj është shumë i gjatë.
3. Motra juaj është studente.
4. Vëllai juaj është gazetar.
5. Prindërit tuaj janë pensionistë.
6. Plaçkat tuaja janë në dhomë.
7. Ku ndodhet vëllai juaj?
8. Nuk i shoh shoqet tuaja.

Lion's Gate. Butrint.

MËSIMI I NJËZETENJËTË - LESSON 21

I. REGJIMI DITOR I MARINIT -
MARIN'S DAILY ROUTINE

A.

Xhoni mëson shqip çdo ditë. Ai dëgjon me vëmendje si flitet gjuha shqipe në mjedisin shqiptar. Atë e ndihmon shumë edhe Marin Drini. Shpeshherë ai i drejtohet Marinit me pyetje. Marini përgjigjet me durim. Kështu, për shembull, sot Xhoni po e pyet Marinin për fjalët dhe shprehjet që përdoren, kur flitet për regjimin ditor. Në fillim pyetjet i bën Xhoni dhe përgjigjet i jep Marini.

Xhoni: Në ç'orë zgjohesh ti nga gjumi në mëngjes?

Marini: Unë zakonisht zgjohem në orën gjashtë të mëngjesit. Ne, shqiptarët, zgjohemi herët.

Xhoni: Çfarë bën ti pastaj?

Marini: Pasi zgjohem, ngrihem menjëherë nga shtrati, hap dritaren e dhomës, bëj gjimnastikën e mëngjesit, lahem, vishem dhe krihem. Pastaj ha mëngjesin dhe bëhem gati për në punë.

Xhoni: Kur nisesh për në punë?

Marini: Zakonisht nisem në orën gjashtë e gjysmë dhe shkoj me autobuz. Por nganjëherë shkoj edhe në këmbë.

Xhoni: Kur kthehesh në shtëpi?

Marini: Në shtëpi kthehem në orën tre e gjysmë. Ha drekën dhe shtrihem pak për të pushuar.

Xhoni: Me se merresh në kohën e lirë?

Marini: Zakonisht, lexoj libra në anglisht apo shqip, merrem pak me sport, shoh televizorin dhe shkruaj.

Pastaj pyetjet i bën Marini dhe përgjigjet i jep Xhoni. Xhonit nuk i vjen rëndë asnjëherë të luajë rolin e nxënësit.

B. TRANSLATION:

John studies Albanian every day. He listens carefully to how words are pronounced in Albanian. Marin Drini is a great help to him. He often asks Marin questions and Marin answers patiently. For example, today John asks about the words and expressions that are used to describe a daily routine. First, John asks the questions and Marin answers.

John: What time do you wake up in the morning?

Marin: I usually wake up at six o'clock in the morning. We Albanians wake up pretty early.

John: What do you do then?

Marin: I quickly get out of bed and open the window, then I do my daily exercises, take a bath, get dressed and comb my hair. After that I eat breakfast and prepare to go to work.

109

John: When do you go to work?

Marin: I usually leave at six thirty. Normally, I take the bus to work but sometimes I walk.

John: When do you return home?

Marin: I return at three thirty. I eat my lunch and rest a little.

John: What do you do on your spare time?

Marin: I usually read books in English or Albanian, play some sports, watch television and write.

Marin then asks questions and John answers. John never finds it hard to play the role of a student.

C. QUESTIONS AND ANSWERS

-Çfarë bën çdo ditë Xhoni?

What does John do every day?

- Xhoni çdo ditë mëson gjuhën shqipe.

John studies Albanian every day.

- Kush e ndihmon atë?

Who helps him with his studies?

- Atë e ndihmon Marin Drini.

Marin Drini does.

- Kujt i drejtohet me pyetje Xhoni?

To whom does John ask questions?

- Xhoni i drejtohet me pyetje Marinit, ndërsa ky i përgjigjet me durim.

John asks questions to Marin and Marin patiently answers him.

II. GRAMMAR:

PRESENT TENSE OF THE REFLEXIVE VERBS

The verbs **lahem, zgjohem, ngrihem, vishem, krihem, shtrihem,** used in the above text are reflexive. A reflexive verb is one in which the action reverts back to the subject, as you can see in the following sentences:

Fëmijët lahen në banjë.

The children wash themselves in the bathroom.

Marini ngrihet shpejt nga shtrati, pastaj lahet, vishet dhe krihet.

Marin quickly gets out of bed, then washes himself, gets dressed and combs his hair.

In the Present tense of the Indicative they take the following endings:

	zgjohem *(to awaken)*		
unë	zgjo-**hem**	I	*I awaken*
ti	zgjo-**hesh**		*You wake yourself*
ai	zgjo-**het**		*He wakes himself*
ajo	zgjo-**het**		*She wakes herself*

110

ne	zgjo-**hemi**	*We wake ourselves*
ju	zgjo-**heni**	*You wake yourselves*
ata (ato)	zgjo-**hen**	*They wake themselves*

Lahem *(to wash, to wash oneself)*

unë	la-**hem**	*I wash myself*
ti	la-**hesh**	*You wash yourself*
ai	la-**het**	*He washes himself*
ai	la-**het**	*She washes herself*
ne	la-**hemi**	*We wash ourselves*
ju	la-**heni**	*You wash yourselves*
ata (ato)	la-**hen**	*They wash themselves*

<u>Remember</u> that the transitive verbs like **zgjoj** *(to wake up someone else)* or **laj** *(to wash someone else)* in the Present have this endings:

unë	zgjo-**j**	la-**j**
ti	zgjo-**n**	la-**n**
ai	zgjo-**n**	la-**n**
ajo	zgjo-**n**	la-**n**
ne	zgjo-**jmë**	la-**jmë**
ju	zgjo-**ni**	la-ni
ata (ato)	zgjo-**jnë**	la-**jnë**

EXERCISE L.

Put the verb **lahem** *in the appropriate form:*

1. Unë... çdo ditë me ujë të ftohtë.
2. Pse nuk ... ti në det?
3. Ai ... me ujë e sapun.
4. Në dimër ne nuk ... në det.
5. Përse nuk ...ju me ujë të ngrohtë?
6. Shokët e mi ... në lumë.

Note: **a.** The reflexive verbs are presented in the dictionary in first person of the Present indicative.

      b. The verb **lahem** has these meanings:

1. lahem çdo ditë - *to wash oneself every day*
2. lahem me sapun - *to wash oneself with soap*
3. lahem në det, në lumë, në liqen etj. - *to bathe*

Change the verbs in brackets into the appropriate form:

l. Motra ime (ngrihem) herët në mëngjes. 2. Shokët e mi (merrem) të gjithë me gjimnastikë. 3. Në orën gjashtë e gjysmë unë (nisem) për në punë. 4. Kur (kthehem) ti nga puna? 5. Ato (përgjigjem) mirë dhe shpejt. 6. Në ç'orë (nisem) ju për në punë?

NOTE THE USE OF THE FOLLOWING CONJUNCTIONS:

dhe - Unë lahem, vishem **dhe** krihem. *I take a bath, get dressed **and** comb my hair.*

që - Marini pyeti për shokun **që** po vjen. *Marin asked about the friend **that** is coming.*

ndërsa - Unë e pyes, **ndërsa** ai përgjigjet. *I ask him **and then** he answers.*

kur - Unë shihem me vëllain vetëm **kur** shkoj në shtëpi. *I see my brother only **when** I come home.*

por - Zakonisht shkoj në punë me autobus, **por** nganjëherë shkoj dhe në këmbë. *Usually I go to work by bus, **but** sometimes I walk.*

ku - Unë po shkoj në shkollën **ku** mëson vëllai. *I am going to the school **where** my brother studies.*

The conjunction **kur** and **ku** are also used in interrogative sentences:

Kur do të shkosh në punë? ***When** will you go to work?*

Ku punon Marini? ***Where** does Marin work?*

VOCABULARY:

jo vetëm që - not only
mjedis shqiptar - Albanian environment
i drejtohem - to address
përgjigjem - to answer
me durim - patiently
shprehje - expression
që përdoren - that are used
për shembull - for example
kështu - so, thus
në fillim - at first, in the beginning
bëj pyetje - to ask, to question
ndërsa - while
jap përgjigje - to give answers, to

answer, to respond
porsa - just as, just now
ngrihem - to wake up
gjimnastikë e mëngjesit - morning exercise
laj - to wash
lahem - to wash up oneself
vishem - to dress oneself
krihem - to comb one's hair
bëhem gati - to be prepared
nisem - to go, to start, to depart
shkoj me autobuz - to go by bus
në këmbë - on foot
kthehem - to turn back
shtrihem - to lay down
çlodhem - to rest
merrem - to do something, to occupy oneself
më vjen rëndë - to find hard

MËSIMI I NJËZETEDYTË - LESSON 22

I. NË PARKUN ZOOLOGJIK DHE BOTANIK
AT THE ZOO AND THE BOTANICAL PARK

A.

Dje Xhoni, Marini, Zana dhe Ana shkuan në Parkun Zoologjik të Tiranës.

Parku është i vogël, por është i pasur me kafshë që jetojnë në Shqipëri. Midis kafshëve të egra ata panë arinj, dhelpra, ujq, mace të egra.

Një fëmijë hodhi në kafazin e ariut ca biskota dhe ai i kapi dhe i hëngri. Vogëlushi shkëlqeu nga gëzimi. Midis shpendëve grabitqarë ata panë shqiponjën, bufin, petritin.

Ata panë gjithashtu lejlekun, mjellmën, fazanin dhe palluan. Pallonj dhe mjellma kishte plot. Nëpër kafaze panë shumë kanarina dhe papagallë shumëngjyrësh.

Pastaj ata shkuan në Kopshtin Botanik, që ndodhet pranë.

Ata soditën për një kohë të gjatë lulet ngjyra-ngjyra, si trëndafilat, karafilat, krizantemat, zambakët etj.

Ata panë edhe shumë drunj të vendit, si lisin, frashërin, panjën, bredhin, manjolian etj.

B. Translation:

John, Marin, Zana and Anna went to the Tirane Zoo yesterday.

The Zoo is small, but it is full of animals that live in Albania. Among the wild beasts they saw bears, foxes, wolves and wild cats.

A child threw some biscuits into the cage of a bear and the bear caught and ate them. The face of the child brightened with joy.

Among the birds of prey they saw an eagle, a screech owl and a hawk. They also saw a stork, a swan, a pheasant and a peacock. There were plenty of pheasants and swans. In the cages they saw many canaries and multi-colored parrots.

Then they went to visit the nearby botanical park.

They spent a lot of time looking at the multi-colored flowers, roses, carnations, chrysanthemums, lilies etc.

They also saw a lot of local trees, such as thyme, ash trees, maples, firs and magnolias.

C. Answer the questions:

- Ku shkuan dje Xhoni, Marini, Zana dhe Ana?

Where did John, Marin, Zana and Anna go yesterday?

- A është i madh Parku Zoologjik?

Is the Zoo big?

- Çfarë kafshësh panë ata?

What kind of animals did they see there?

- Çfarë shpendësh grabitqarë kishte atje?

What kind of birds of prey are there?

- Çfarë bëri një fëmijë?
  What did the child do?
- Ku shkuan ata pastaj?
  Where did they go after that?
- Çfarë panë ata në Kopshtin Botanik?
  What did they see in the Botanical Park?
- Çfarë soditën ata për një kohë të gjatë?
  What did they look at for a long time?

D. ENRICH YOUR VOCABULARY:

Ku ndodhet Parku Zoologjik (Botanik)? *Where is the Zoo (Botanical Park)?*
Ne duam të vizitojmë Parkun Zoologjik (Botanik). *We want to visit the zoo (Botanical Park).*
Çfarë lloje drurësh të vendit ka në Kopshtin Botanik? *What kinds of native trees are there in the Botanical Park?*
Kjo është bimë njëvjeçare apo shumëvjeçare? *Is this a perennial or an annual plant?*
Unë dua të porosis një shportë me lule. *I want to order a basket of flowers.*
Sa kushton hyrja në Park? *How much does it cost to visit the park?*
Ku janë kafshët e egra? *Where are the wild animals?*
Ku janë kafazët me zogj këngëtarë? *Where are the cages of singing birds?*

II. GRAMMAR:

THE SIMPLE PAST TENSE OF THE INDICATIVE MOOD.

In the sentences *"Një fëmijë hodhi në kafazin e ariut ca biskota dhe ai i kapi dhe i hëngri. Vogëlushi shkëlqeu nga gëzimi"* the verbs **hodhi, hëngri, shkëlqeu** *(threw, caught, ate)* are used in the Simple Past tense (Aorist) of the Indicative.

In the *Simple Past tense,* the verbs of active and passive voice (reflexive also) have these forms:

I CONJUGATION:

mendoj- mendohem *(to think for somebody or something - to meditate)*
laj - lahem *(to wash - to wash oneself)*

	mendoj -	**mendohem**	**laj**	**lahem**
unë	mendo-va	u mendo-va	la-va	u la-va
ti	mendo-ve	u mendo-ve	la-ve	u la-ve
ai (ajo)	mendo-i	u mendu-a	lau	u la
ne	mendu-am	u mendu-am	la-më	u la-më
ju	mendu-at	u mendu-at	la-të	u la-të
ata (ato)	mendu-an	u mendu-an	la-në	u la-në

Negative forms: nuk mendova... nuk u mendova...
nuk lava...   nuk u lava...

114

OTHER VERBS OF THE I CONJUGATION:

blej *(to buy)* bleva   bleve   bleu   blemë   bletë   blenë
shtyj *(to push)*   shtyva shtyve shtyu   shtymë shtytë shtynë
fshij *(to sweep)*   fshiva fshive fshiu   fshimë fshitë fshinë

II CONJUGATION:

mat - matem *(to measure - to be measured)*
kreh - krihem *(to comb - to comb one's hair)*

	mat(mas) - matem		**kreh - krihem**	
unë	mat-a	u mat-a	kreha	u kreh-a
ti	mat-e	u mat-e	kreh-e	u kreh-e
ai (ajo)	mat-i	u mat	kreh-u	u kreh
ne	mat-ëm	u mat-ëm	kreh-ëmu	kreh-ëm
ju	mat-ët	u mat-ët	kreh-ët	u kreh-ët
ata (ato)	mat-ën	u mat-ën	kreh-ën u kreh-ën	

Negative forms: nuk mata...   nuk u mata...
                          nuk kreha...   nuk u kreha...

OTHER VERBS OF II CONJUGATION:

kam *(to have)*	pata	pate	pati	patëm	patët	patën
jam *(to be)*	qeshë	qe	qe	qemë	qetë	qenë
bëj *(to do)*	bëra	bëre	bëri	bëmë	bëtë	bënë
hyj *(to enter)*	hyra	hyre	hyri	hymë	hytë	hynë
dal *(to go out)*	dola	dole	doli	dolëm	dolët	dolën
them *(to tell)*thashë	the	tha	thamë	thatë	thanë	
vij *(to come)*erdha	erdhe	erdhi	erdhëm	erdhët	erdhën	
marr *(to take)*	mora	more	mori	morëm	morët	morën
nxjerr *(to pull out)*	nxora	nxore	nxori	nxorëm	nxorët	nxorën
shoh *(to see)*pashë	pe	pa	pamë	patë	panë	

EXERCISE 1.

*Replace ellipses with the verb **shkoj** in the Simple Past tense:*
Example: Dje ... në teatër me Artanin.
        Dje *shkova* në teatër me Artanin.
   1. Ti nuk ... dje në punë.
   2. Petriti ... në Durrës me tren.
   3. Të dielën ne ... në Berat.
   4. Ju ... dje në stadium?
   5. Ata ... në shtëpi.
   6. Dje ato ... në koncert.

Put the verbs in brackets in the Simple Past tense:

l. Në ç'orë (ngrihem) ti në mëngjes? 2. Marini (hap) dritaren. 3. Motra e vogël (lahem) vetë. 4. Dje Zana (kam ditëlindjen).

VOCABULARY:

shkoj (shkova)- to go
park zoologjik - zoo (zoological park)
kopsht botanik - botanical park
i (e) pasur - rich
kafshë-a - animal, beast
ari-u (arinj) - bear
ujk-u (ujq) - wolf, wolves
dhelp/ër-ra - fox
mace e egër - wild cat
hedh (hodha) - to throw
biskotë-a - biscuit, cookie
ha (hëngra) - to eat
shkëlqej (shkëlqeva) - to brighten, to grow brighter
shpend grabitqar - bird of prey
shqipe/shqiponjë - eagle
buf-i - screech owl
lejlek-u - stork
mjellmë-a - swan
petrit-i - hawk

kanarinë-a - canary
zog këngëtar (zogj këngëtarë) - singing bird
shumëngjyrësh - multi-colored, colorful
papagall-i - parrot
pallua (palloi) - peacock
sodis (sodita) - to contemplate
gjithfarësh - diverse
i (e) larmishëm - various
krizantemë-a - chrysanthemum
zambak-u - lily
lloje drurësh - kind of trees
i vendit - local, native
lis-i - thyme
frash/ër-ri - ash tree
panjë-a - maple tree
bredh-i - fir tree
manjolie-a - magnolia
bishë-a - beast
bishë e egër - wild beast

MËSIMI I NJËZETETRETË - LESSON 23

I. NJË UDHËTIM QË NUK U BË
A CANCELLED TRIP

A.

Marini: Xhon, a dëshironi të bëjmë një udhëtim deri në Berat?

Xhoni: Oh, me gjithë qejf. Sikur po na bëhet jeta shumë monotone dhe e mërzitshme këtu. Kam dëgjuar se Berati është një qytet i vjetër, mjaft i bukur dhe interesant.

Marini: Ashtu është. Domethënë, ju e pranoni ftesën time?

Xhoni: Unë jam gati të shkojmë.

Marini: Po ti, Zana, dëshiron të vish me ne?

Xhoni: *(Me shaka)* Sikur nuk të shkohet asgjëkundi pa Zanën ty, Marin!

Marini: *(Duke u skuqur pak)* Është e vërtetë. Më pëlqen kur udhëtoj me Zanën.

Zana: Kjo është një ide e mirë dhe unë do të doja ta shoh përsëri Beratin, por nuk mund të vij dot. Jam shumë e zënë.

Xhoni: (Zanës) Mos u erdhi rëndë për atë që i thashë Marinit? Unë bëra shaka.

Zana: Mos u shqetësoni. Edhe mua më pëlqen të udhëtoj me Marinin. Por jam vërtet shumë e zënë.

Marini: Po ju, Ana, si mendoni, të shkojmë apo të mos shkojmë?

Ana: Më vjen shumë keq, por edhe unë nuk mund të vij. Jam shumë e zënë. Ndoshta mund të shkojmë një herë tjetër?

Marini: Si mendoni, Xhon, a ta shtyjmë udhëtimin?

Xhoni: Po, unë mendoj ta shtyjmë udhëtimin për një herë tjetër. Të shkojmë të gjithë së bashku më mirë.

Marini: (Me shaka). E kuptoj, as ju nuk mund të shkoni gjëkundi pa Anën!

B. *TRANSLATION:*

Marin: John, would you like to take a trip to Berat?

John: I'd love to! Life here is becoming very boring. I have heard Berat is an old, beautiful and interesting city.

Marin: That's right. Does that mean you accept my invitation?

John: Yes. I am ready to go.

Marin: And what about you, Zana, do you want to come with us?

John: (Joking) You don't want to go anywhere without Zana?

Marin: (Blushing) It's true. I like to travel with Zana.

Zana: It's a good idea and I would like to see Berat again, but I cannot come with you. I am very busy.

John: Maybe you took what I said to Marin the wrong way? I was only joking.

Zana: (Smiling) Don't worry about that. I like to travel with Marin, too.

Marin: And you, Anna, what do you say, would you like to go?

117

Anna: I am very sorry, I can't come with you. I am very busy. Maybe some other time?

Marin: What do you think, John, should we postpone the trip ?

John: Yes, I think we should postpone it to another time. It's better to go together.

Marin: (Joking) I see, you can't go anywhere without Anna either!

C. ENRICH YOUR VOCABULARY:

Note the following expressions indicating apologies, agreement and disagreement in Albanian:

Falje - *Apologies:*

Më falni - *Excuse me.*

Më vjen keq, por ... - *I'm sorry, but ...*

Ju kërkoj ndjesë (Ju kërkoj të falur) - *Pardon me (I beg your pardon).*

Më vjen keq, por nuk ju kuptoj - *I'm sorry, I don't understand.*

Më falni? Çfarë thatë? - *Excuse me? What did you say?*

Më falni, a nuk mund të më thoni...? - *Excuse me, can you tell me...?*

Më falni, por unë nuk desha të them... - *I'm sorry, I didn't mean...*

Pëlqim - *Agreement*

Po - *Yes.*

Mirë - *Good.*

Jam dakord - *I agree.*

Jam plotësisht dakord - *I completely agree.*

Ju keni të drejtë - *You're right.*

Edhe unë kështu mendoj - *I think so too.*

Ju kuptoj - *I can see your point.*

Mendim i mirë - *That's a good idea.*

Mirë! Bukuri! - *O.K. ! All right!*

U morëm vesh - *Agreed.*

Natyrisht! - *Certainly. Sure!*

Me kënaqësi - *With pleasure.*

Nuk kam kundërshtim - *I have no objection.*

Mospëlqim - *Disagreement*

Jo - *No!*

Unë nuk jam dakord - *I don't agree. I can't agree!*

S'jam krejt dakord me ju - *I don't quite agree with you.*

Unë s'mendoj kështu - *I don't think so.*

Ju s'keni të drejtë - *I think you are wrong.*

Ju po gaboni - *You are making a mistake.*

Unë e mendoj ndryshe - *I see it another way.*

Unë s'mundem - *I can't.*

E keni gabim - *You are wrong.*

II. GRAMMAR:

THE SUBJUNCTIVE MOOD. PRESENT TENSE

The verbs **të bëjmë, të shkojmë, ta shoh, të vij, ta lëmë,** found in the preceding dialogue, are in the Subjunctive mood. The verb in the Subjunctive mood usually expresses an action that is complementary to the action of another verb. Its use in Albanian is similar to the English infinitive. For example:

- Unë <u>do të doja</u> **ta shihja** Beratin përsëri.
- *I would like <u>to see</u> Berat again.*
- Po, unë <u>jam gati</u> **të shkojmë** !
- *Yes, I am ready <u>to go.</u>*

The verb in the Subjunctive mood is used generally after verbs that express wishes, permission, agreement, disagreement or the beginning and the continuation of an action, for example:

                mund (nuk mund) - *can (can't)*
                duhet - *must, to have to*
                dëshiroj, dua - *I wish, want, desire*
                filloj - *to start, to begin*
                vazhdoj - *to continue*

mund - të punojmë, të shëtisim, të flemë *(we can work, walk, sleep)*
duhet - të fillojmë, të vazhdojmë, të kthehemi *(we must begin, continue, turn back)*
dëshiroj - të mësoj, të shkruaj, të dëgjoj *(I wish to learn, to write, to listen)*
dua - të udhëtoj, të pushoj, *(I want to travel, to rest)*
filloj - të lexoj, të shkruaj, të punoj *(I begin (start) to read, to write, to work),*
vazhdoj - të punoj, të shëtis, të udhëtoj *(I continue to work, to walk, to travel)*
The Present tense of the Subjunctive mood has these endings:

I CONJUGATION

mbroj *(to defend)*		**mbrohem** *(to defend oneself)*
unë	të mbro-j	të mbro-hem
ti	të mbro-sh	të mbro-hesh
ai (ajo)	të mbro-jë	të mbro-het
ne	të mbro-jmë	të mbro-hemi
ju	të mbro-ni	të mbro-heni
ata (ato)	të mbro-jnë	të mbro-hen

Negative forms: The negative adverb **mos** *(not)* is used instead of **nuk** in the negative forms with the verb in the Subjunctive mood:
        unë të **mos** mbro-j... unë të **mos** mbro-hem...

119

II CONJUGATION:

vesh *(to dress)*
unë	të vesh
ti	të vesh-ësh
ai (ajo)	të vesh-ë
ne	të vesh-im
ju	të vesh-ni
ata(ato)	të vesh-in

vishem *(to dress oneself)*

të vish-em
të vish-esh
të vish-et
të vish-emi
të vish-eni
të vish-en

Negative form: të mos vesh... të mos vishem...

Here are the most commonly used verbs:

jam *(to be)*	të jem	të jesh	të jetë	të jemi	të jeni	të jenë,
kam *(to have)*	të kem	të kesh	të ketë	të kemi	të keni	të kenë,
bëj (to have)	të bëj	të bësh	të bëjë	të bëjmë	të bëni	të bëjnë,
vë *(to put)*	të vë	të vësh	të vërë	të vëmë	të vini	të vënë,
pi *(to drink)*	të pi	të pish	të pijë	të pimë	të pinë	të pinë,
them *(to say)*	të them	të thuash	të thotë	të themi	të thoni	të thonë,
dua *(to wish)*	të dua	të duash	të dojë	të duam	të doni	të duan,
ha *(to eat)*	të ha	të hash	të hajë	të hamë	të hani	të hanë.

EXERCISE 1.
Put the verb in brackets in the Present tense of the Subjunctive mood.
Example: Ne duam (shkoj) në Berat. *We want to go to Berat.*
      Ne duam **të shkojmë** në Berat.

1. Petriti ka qejf (lexoj) natën vonë *Petrit likes to read late at night.*
2. Doni (bëj) një udhëtim. *Would you like to take a trip?*
3. Xhonit i pëlqen (udhëtoj). *John likes to travel.*
4. Ai nuk do (punoj). *He does not like to work.*
5. Jam gati (ndihmoj) shokët e mi. *I am ready to help my friends.*
6. Ti duhet (shlodhem) pak. *You have to rest a litlle.*

VOCABULARY:

udhëtim - travel, journey
që nuk u bë - unrealized
bëj udhëtim - take a trip,
me gjithë qejf - with pleasure
kam dëgjuar - I have heard
i vjetër - old
ashtu është - that's true
domethënë - that does mean, that
means
pranoj - to accept, to agree
jam gati - I am ready
më pëlqen - I like
kam qejf - I like
shkoj - to go
bashkë - together
nuk jam kundër - I am not against
kjo është një ide e mirë - it's a good
idea
do të doja ta shoh - I would like to see

dua - to want
dëshiroj - to wish
përsëri - again
jam i zënë - I am busy
jam dakord - I agree
e lëmë për një herë tjetër - let's
postpone it to another time
ndoshta - maybe
mund - can
duhet - must, have to, should
më falni - excuse me, I beg
your pardon,
bëj shaka - joking, kidding
duke qeshur - smiling

MËSIMI I NJËZETEKATËRT - LESSON 24

I. NESËR DO TË LAHEMI NË LUMË.
TOMORROW WE WILL SWIM IN THE RIVER.

A.

Marini: Xhon, nesër, meqë nuk do të shkojmë në Berat, a nuk shkojmë të lahemi në lumë? Si thoni? Do të jetë shumë bukur!

Xhoni: Mos ke mall për kohën e fëminisë?! Më kujtohet që më ke treguar se si ti e shokët e tu të klasës iknit shpesh nga ora e mësimit dhe shkonit të laheshit në lumë.

Marini: Mos u tall, Xhon. Edhe ti ke ikur sa herë me shokët e tu nga mësimi për t'u larë në det.

Xhoni: Oh, sa herë! Është larg lumi?

Marini: Nuk është larg. Do të udhëtojmë me autobus.

Xhoni: Do të mendohem një herë. Është i rrëmbyeshëm lumi?

Marini: Jo, nuk është i rrëmbyshëm dhe ka pellgje të mira për t'u larë. Do të dëfrehemi shumë.

Xhoni: Kur duhet të nisemi?

Marini: Duhet të nisemi herët. Prandaj do të ngrihemi që në orën pesë.

Xhoni: Nuk dimë si do të jetë koha?

Marini: Nesër do të bëjë shumë nxehtë. Dëgjova buletinin e fundit metereologjik. Si thua?

Xhoni: Nuk jam kundër. Shkojmë. Do të përpiqem të përgatitem që sonte. Pra, nesër do të zgjohemi herët dhe do të nisemi me autobus. Do të pres tek hyrja e hotelit. Natën e mirë!

Marini: Natën e mirë dhe mirupafshim nesër në mëngjes!

B. TRANSLATION:

Marin: John, since we can't go to Berat, let's go swimming in the river tomorrow. What do you think? It would be very nice!

John: Are you longing for the days of your childhood?! I remember what you told me, how you and your classmates would often skip school to swim in the river.

Marin: Come on, John, how often have you missed school to swim in the sea! John: Many times. Is the river far away?

Marin: It is not far. We will take the bus.

John: I will think about it. Is the river rough?

Marin: No, it is not and there are a lot of pools to swim in. We will enjoy it very much!

John: When do we have to leave

Marin: Very early, and that is why we have to wake up at five o'clock.

John: We don't know what the weather will be like.

Marin: Tomorrow will be very hot. I heard the weather forecast. What do you think?

John: Let's go. I will try to prepare tonight. Tomorrow we will get up early and go by bus. I will wait for you at the hotel's entrance. Good night!

Marin: Good night and see you tomorrow morning!

C. ENRICH YOUR VOCABULARY:

A dini të notoni? *Can you swim?*

A shkojmë në lumë (pishinë, det)? *Do you want to go to the river (to the pool, to the beach)?*

Ç'thotë parashikimi i kohës për sot? *What's the weather forecast for today?*
Si është moti sot? *What's the weather like today?*

Sot bën ftohtë (ngrohtë, fresk, vapë). *Today it is cold (warm, cool, hot).*

Bie shi. *It's raining.*

Bie shi i fortë. *It's raining hard.*

Sot është mot i mirë. *The weather is good today.*

Sot ka diell. *The sun is shining today.*

Fryn erë. *It's windy.*

Ç'kohë e mrekullueshme. *What good weather!*

Ç'kohë e keqe! *What awful weather!*

A mund të lahemi në këtë lumë? *Can we swim in this river?*

Doni të lahemi në lumë (det, pishinë)? *Do you like to swim in the river (pool, sea)?*

II. GRAMMAR:

THE FUTURE TENSE OF INDICATIVE (REFLEXIVE VERBS).

The reflexive verbs *do të lahemi, do të mendohem, do të nisemi, do të udhëtojmë, do të ngrihemi, do të zgjohemi, do të përgatitem,* used in the preceding dialogue take the form of the Future tense of the Indicative.

In the Future tense, the reflexive verbs have these endings:

I conjugation

zgjohem (to awaken)	**përgatitem** (to be prepared)
unë do të zgjo-hem	do të përgatit-em
ti do të zgjo-hesh	do të përgatit-esh
ai (ajo) do të zgjo-het	do të përgatit-et
ne do të zgjo-hemi	do të përgatit-emi
ju do të zgjo-heni	do të përgatit-eni
ata (ato) do të zgjo-hen	do të përgatit-en

123

EXERCISE 1.

Put the verbs in brackets in the Future tense of the Indicative:
Example: Xhoni me Marinin (lahem) në lumë.
Xhoni me Marinin *do të lahen* në lumë.

1. Nesër unë (ngrihem) herët në mëngjes.
2. Nëna (kthehem) shpejt nga dyqani.
3. Edhe ti (ulem) këtu me ne.
4. Ata nuk thanë se kur (nisem).
5. Ju (kënaqem) nga ekskursioni në male.

VOCABULARY:

meqë - since, as
lahem, notoj - to swim
si thoni - what do you think
dëfrej - to amuse
mendohem - to think, to meditate
i rrëmbyeshëm - torrential
pellg-u - pool
kohë-a - weather
ngrohtë - warm
ftohtë - cold
fresk - cool
nxehtë (vapë) - hot
buletin metereologjik - weather forecast
përgatitem - to prepare oneself

bie shi - it's raining
fryn erë - it's windy
dini të notoni? - can you swim?
kam mall - longing
fëmijëri - childhood
më kujtohet - I remember
më ke treguar - you have told me
shokët e klasës - classmates
iki nga ora e mësimit - to skip a class, to miss the lesson
mos u tall - come on, don't joke!

MËSIMI I NJËZETEPESTË - LESSON 25

I. MARINI SHPIE TË ËMËN TEK MJEKU
MARIN BRINGS HIS MOTHER TO THE DOCTOR

A.

Ka disa ditë që e ëma e Marinit është e sëmurë. Ajo mund të jetë ftohur, sepse ka kollë, temperaturë dhe nuk ka oreks. Marini shkoi me të ëmën tek mjeku.

- Përse ankoheni? - e pyeti mjeku nënën e Marinit.
- Kam kollë, temperaturë dhe nuk kam oreks.
- Vini termometrin, ju lutem, -i tha mjeku asaj.

Termometri tregonte 38 gradë.
- Ju dhemb gjoksi? - e pyeti mjeku.
- Më dhemb kur kollitem, - u përgjigj ajo.
- Po gryka ju dhemb? - e pyeti mjeku sërish.
- Po, gryka më dhemb vazhdimisht.

Mjeku e kontrolloi dhe i tha:
- Ju keni grip. Do të merrni këto barna në farmaci dhe do të shëroheni shpejt. Mos u shqetësoni, do të kalojë, - i tha mjeku. - Vetëm se duhet të mbani regjim shtrati dhe të pini vazhdimisht çaj të ngrohtë.

Nëna mori recetën, falenderoi mjekun dhe u largua bashkë me Marinin.

B TRANSLATION:

A few days ago Marin's mother got sick. She must have caught a cold because she has chills, a temperature and has lost her appetite. Marin went with her to the doctor.
- *What is the problem?- asked ther he doctor.*
- *I must have caught a cold. I have a temperature and I've lost my appetite.*
- *Take the thermometer, please; - says the doctor.*
  The thermometer shows (indicates) 38 degrees C.
- *Do you feel any chest pain? - asked the doctor.*
- *I have chest pain when I cough.*
- *Does your throat hurt?- asked the doctor*
- *Yes, I continuously feel pain in my throat.*
  The doctor checked her and said:
- *You have the flu. You will take these medications from the pharmacy and you will be healthy again soon. Don't worry, the illness will pass. The only thing that you must do is follow the regimen and drink hot tea often.*
  The mother took the prescription, thanked the doctor and left with Marin.

C. ENRICH YOUR VOCABULARY:

nuk kam oreks - *I have lost my appetite.*

më dhemb gjoksi (koka, veshi, dhembi) - *I have chest pains (a headache, an earache, a toothache).*

kam temperaturë (ethe) - *I think I have a temperature (a fever).*

Thirrni, ju lutem, mjekun - *Please, call a doctor.*

Më duhet të shkoj tek mjeku - *I must go to the doctor.*

Në ç'orë pret mjeku? - *What are the doctor's office hours?*

Mjeku më tha të mbajë regjim - *The doctor prescribed the following regimen.*

Tani unë jam mirë. *Now I feel good.*

Ku është poliklinika? - *Where is the clinic?*

Si mund të shkoj në spital? *How do I get to the hospital?*

Si ta thërras mjekun? *How do I call the doctor?*

Më jepni, ju lutem, numrin e telefonit të mjekut - *Please give me the doctor's phone number.*

Ku ndodhet farmacia më e afërt? *Where's the nearest drug store?*

Si të shkoj në farmaci? *How do I get to the drug store?*

I keni këto barna, ju lutem? *Do you have these medicines?*

Mua më dhemb koka. Çfarë më këshilloni të marr? *I have a headache. What do you recommend?*

II. GRAMMAR:

A. THE DATIVE CASE OF THE DEFINITE NOUNS

In Albanian, as in English, the noun in the Dative case may be the indirect object of a verb. For example:

Nëna i dha <u>Marinit</u> një libër. *The mother gave <u>Marin</u> a book.*

I thashë shokut të vijë shpejt. *I told my <u>friend</u> to come soon.*

In the Dative case definite nouns have these endings:

Masculine Singular	*Feminine.Singular*
libr **-it**, mjek **-ut**	nënë **-s**, lule **-s**,
to the book, to the doctor	*to the girl, to the flower*
Masculine Plural	*Feminine Plural*
libra **-ve**, mjekë **-ve**	nëna **-ve**, lule **-ve**,
to the books, to the doctors	to the mothers, to the flowers

B. THE ABBREVIATED FORMS OF PERSONAL PRONOUNS

The Personal pronouns have their own abbreviated forms, for example:

I thashë mjekut (**i** - atij - *him*) *I said to the doctor.*

I tregova vëllait tim(**i** - atij - *him*) *I have told my brother*

U dhashë shokëve të mi (**u** - atyre - *them*) *I gave my friends*

Motra **më** dha një libër (**më**- mua - *me*) *The sister gave me a book.*

Below are the abbreviated forms of the Personal pronouns in the Dative and Accusative cases:

Singular

	1st person	2nd person	3rd person
Nom.	unë *(I)*	ti *(you)*	ai/ajo *(he/she)*
Dat.	mua, më *(to me)*	ty, të *(to you)*	atij, asaj, i *(to him/her)*
Acc.	mua, më	*(me)* ty, të *(you)*	atë, e *(him/her)*

Plural

	1st person	2nd person	3rd person
Nom.	ne *(we)*	ju *(you)*	ata/ato *(they)*
Dat.	neve, ne *(to us)*	juve, ju *(to you)*	atyre, u *(to them)*
Acc.	ne, na *(us)*	juve, ju *(you)*	ata/ato, i *(them)*

They are used before the verb and double the noun or pronoun. In Dative case they may be the indirect object, in the Accusative the direct object of the verb. Here are some examples of how the abbreviated forms of the personal pronouns are used in Albanian:

Dative c.

Marini më dha mua një libër	*Marin gave me a book.*
Marini të dha ty një libër	*Marin gave you a book.*
Marini i dha atij një libër	*Marin gave him a book.*
Marini i dha asaj një libër	*Marin gave her a book.*
Marini na dha neve një libër	*Marin gave us a book.*
Marini ju dha juve një libër	*Marin gave you a book.*
Marini u dha atyre një libër.	*Marin gave them a book.*

Accusative c.

Marini *më* pyeti *mua* për shokët tanë.	*Marin asked me about our friends.*
" *të* pyeti *ty* për shokët tanë.	*(asked you)*
" *e* pyeti *atë* për shokët tanë.	*(asked him/her)*
" *na* pyeti *ne* për shokët tanë.	*(asked us)*
" *ju* pyeti *ju* për shokët tanë.	*(asked you)*
" *i* pyeti *ata* (*ato*) për shokët tanë.	*(asked them)*

EXERCISE 1.

Replace ellipses with the appropriate abbreviated forms of the personal pronouns.

Example: Mua ... dhemb gjoksi, kur kollitem.

   Mua më dhemb gjoksi, kur kollitem.

1. Atij ... dhemb dhëmballa. 2. Ty nuk ... dhemb asgjë. 3. Neve ... pëlqen deti. 4. Juve ... duhet të udhëtoni. 5. Atyre nuk ... pëlqen të lahen në det.

EXERCISE 2.

*Replace ellipsis with the abbreviated forms of the Personal pronouns in the Accusative. Example:*Marini ... pa mua me shokët.

Marini *më* pa mua me shokët.

l. Unë nuk ... pashë atë në rrugë. 2. Xhoni nuk ... pyeti se ku po shkojmë.
3. Unë nuk ...   pyeta ty, por Marinin. 4. Ne nuk ... dëgjon asnjeri.
5. ...pashë juve dje kur zbrisnit nga autobusi. 6. Ata ... morën me vete.
7. Ato nuk ... do askush.

VOCABULARY:

shpie - to carry
ka disa ditë - there are some days
i (e) sëmurë - ill, sick
kollë - cough
kollitem - to cough
temperaturë - temperature
nuk kam oreks - I've lost my
appetite
mjek-u - doctor
përse ankoheni - What is the
problem?
pyes - to ask
termometër - thermometer
vini termometrin - to put the
thermometer
tregoj - to indicate, to show
gradë-a - degrees
më dhemb koka - I have a
headache
dhëmb-i - tooth
dhëmballë-a - molar
gjoks-i - chest

grykë-a - throat
sërish - again
vazhdimisht - continuously
vizitoj - to check
grip - influenza, flu
bar-i (barna-t) - medecine
farmaci-a - drug store
shqetësoj - to trouble, to alarm, to
worry about
shqetësohem - to worry about
mbaj regjim shtrati - to follow a
regimen
caktoj regjim shtrati - to prescribe
a regimen
çaj i ngrohtë (i nxehtë) - hot tea
recetë - prescription
largohem - to leave
vesh - to dress
ethe - fever
më i afërt - the nearest
gjej - to find
askush - nobody

MËSIMI I NJËZETEGJASHTË - LESSON 26

I. NË LIBRARI - *IN THE BOOKSTORE*

A

Xhoni: Marin, është larg libraria?

Marini: Ja, arritëm. Tek qoshja është. As dhjetë hapa larg që këtej.

Xhoni: Do t'i gjejmë gazetat e sotme?

Marini: Shpresoj. Megjithëse që kur u krijua shtypi i lirë, gazetat e përditshme shiten menjëherë.

Xhoni: Dua edhe një album me pamje nga Shqipëria. Do t'ua dërgoj të afërmëve të mi. Të shohim dhe për fjalorë.

Marini: Arritëm. Hyjmë brenda. (Shitëses) Mirëmëngjes!

Xhoni: Mirëmëngjes!

Shitësja: Mirëmëngjes! Çfarë dëshironi?

Marini: I keni gazetat e sotme?

Shitësja: Po i kemi. Cilën doni? T'ju jap "Rilindjen Demokratike" dhe "Republikën"?

Xhoni: Po, më jepni edhe "Zërin e Popullit" dhe "Koha e Jonë".

Marini: Mua më jepni, ju lutem, "Sindikalistin" dhe "Dritën".

Shitësja: Ato nuk dalin sot. Doni numrat e kaluar?

Marini: Mirë.

Xhoni: Keni ndonjë album me pamje nga Shqipëria?

Shitësja: Po kemi.

Xhoni: Po fjalorë anglisht-shqip ose shqip-anglisht keni?

Shitësja: Kemi vetëm fjalor anglisht-shqip.

Xhoni: Atëherë më jepni, ju lutem, vetëm një album. Fjalorin e marim një herë tjetër. Sa kushtojnë të gjitha?

Shitësja: 50 lekë.

Xhoni: Urdhëroni paratë. Falemnderit dhe mirupafshim!

Marini: Mirupafshim!

Shitësja: Mirë se të vini përsëri!

B. TRANSLATION:

John: Is the bookstore far from here?

Marin: We are almost there. It is on the corner, a few steps further from here.

John: Can we find today's newspapers?

Marin: I hope so. Since the creation of the free press, daily newspapers are sold out at once.

John: I also want to buy a book with photographs of Albania. I want to send it to my relatives. We can also look for dictionaries.

Marin: Here we are. Let us go in. (To the seller) Good morning!

John: Good morning!

Seller: Good morning! May I help you?

Marin: Do you have today's newspapers?

Seller: Yes, we have them. Which one do you want? Do you want Rilindja Demokratike *or* Republika*?*

John: I want them both. Give me also Zëri i Popullit *and* Koha e Jonë.

Marin: Give me, please, Sindikalisti *and* Drita.

Seller: They are not published today. Do you want the latest issues?

Marin: Good.

John: Do you have any albums with views of Albania?

Seller: Yes, we have one.

John: And do you have an English-Albanian or Albanian-English dictionary?

Seller: We only have an English-Albanian dictionary.

John: Please, give me just the album then. We will buy the dictionaries another time. How much is it?

Seller: 50 leks.

John: Here is the money. Thank you and good bye!

Marin: Good bye!

Seller: See you!

C. REMEMBER THESE EXPRESSIONS:

Ku është qoshku i gazetave? *Where is the news stand?*

Më jepni, ju lutem, gazetën e sotme. *Please give me today's newspaper.*

Kjo revistë është e përjavshme apo e përmuajshme? *Is this biweekly or a monthly magazine?*

The ancient amphitheater of Butrinti.

130

Jeni abonuar (pajtuar) në këtë revistë (gazetë)? *Have you subscribed to this newspaper (magazine)?*

Si të shkojmë në librari? *How do I get to the bookstore?*

Më tregoni, ju lutem, ku është libraria? *Tell me, please, where is the bookstore?*

Më tregoni, ju lutem, librat e fundit për fëmijë. *Can you please show me the latest books for children?*

Keni fjalor anglisht-shqip? *Do you have an English-Albanian dictionary?*

Më jepni një fjalor shqip-anglisht. *Give me an Albanian-English dictionary.*

II. GRAMMAR:

THE CONTRACTIONS OF ABBREVIATED FORMS OF THE PERSONAL PRONOUNS

The abbreviated forms of the Personal pronouns in the Dative case, used with the abbreviated forms of the Personal pronouns in the Accusative *(e, i)*, which double the object expressed by the Accusative noun, produce contractions in the abbreviated forms of pronouns.

Example:

Ta dha librin Xhoni?   *Did John give you (it) the book?*

Ai nuk m'i dha fotografitë.   *He did not give me (them) the photographs.*

The contractions are formed as follows:

a. with the abbreviated form **e** (atë):

më + e = ma	ma dha librin (mua)	He gave *me* the book.
të + e = ta	ta dha librin (ty)	He gave *you* the book.
i + e = ia	ia dha librin (atij, asaj)	He gave *him/her* the book.
na + e = na e	na e dha librin (ne)	He gave *us* the book.
ju + e = jua	jua dha librin (juve)	He gave *you* the book.
u + e = ua	ua dha librin (atyre)	He gave *them* the book.

b. with the abbreviated form **i** (ata/ato)):

më + i = m'i	m'i mori librat (mua)	He took the books *from me.*
të + i = t'i	t'i mori librat (ty)	He took the books *from you.*
i + i = ia	ia mori librat (atij, asaj)	He took the books *from him (her)*
na + i = na i	na i mori librat (neve)	He took the books *from us.*
ju + i - jua	jua mori librat (juve)	He took the books *from you.*
u + i = ua	ua mori librat (atyre)	He took the books *from them.*

EXERCISE 1.

Place in the blank the abbreviated form of the Personal pronoun:
Example:
Mua ____ pëlqen të lexoj letërsi artistike.
Mua *më* pëlqen të lexoj letërsi artistike.

1. Marinit __ erdhi një letër.
2. Anën __ takova në bibliotekë.
3. A __ takoi ty Zana?
4. Atyre __ pëlqen të shëtisin
5. Ne__pëlqen të pushojmë në bregdet.
6. Ne nuk __ takuam shokët.
7. Juve __ kërkoi babai.
8. Atyre __ dhanë shtëpi të re.
9. Neve __ pëlqeu koncerti.
10. Xhoni nuk.__ takoi mua.
11. Unë nuk __ pashë Xhonin.

EXERCISE 2.

Place in the blank the contractions of the abbreviated forms of the personal pronouns:
Example:
Drita __ *(mua)* pastroi kostumin.
Drita *ma* pastroi kostumin.

1. A __ dha (ty) librin Sokoli?
2. Atij nuk __ tregoj fotografitë.
3. Neve po __ jepni këtë dhuratë?
4. Juve __ dha librin Drita?
5. Drita nuk __ dha librin atyre.
6. Ti nuk __ more mua librat?
7. __ jap ty librat e Dritës?
8. __ more librat asaj?
9. Neve __ dhe të gjitha këto gazeta?
10. __ ktheu Drita librat juve?
11. Atyre __ kërkove gazetën?
12. Mos __ prek (mua), të lutem.

VOCABULARY:

arritëm - here we are, we have reached

tek qoshja - on the corner

as dhjetë hapa - ten steps way

qoshk-u - news stand

librari-a - bookstore, book shop

album-i - album

dërgoj - to send

revistë-a - magazine

gjej - to find

gazetat e sotme - today's newspaper

numër i kaluar - last edition

shpresoj - to hope

megjithëse - although

shtyp i lirë - free press

që kur - since

u krijua - was created

demokratik - democratic

hyj - to go in, to enter

brenda - inside

zë-ri - voice

rilindje-a - revival, rebirth

republikë-a - republic

një herë tjetër - another time

A bookstore in Tirane.

MËSIMI I NJËZETESHTATË - LESSON 27

I. NË POSTË - *IN THE POST OFFICE*

A.

Xhoni ishte dje në postë. Atje kishte patur shumë njerëz. Aty mund të blije zarfa, pulla postare, ajrore apo të klasit të parë. Disa postonin letra, disa dërgonin telegrame dhe të tjerë zhvillonin biseda telefonike.

Xhoni donte të dërgonte një letër. Të afërmit gëzohen kur marin letra prej tij. Kur kishte ikur, e kishin porositur t'u shkruante sa më shpesh. Xhoni u shkruan gati çdo javë.

Ai iu afrua nëpunësit të postës dhe i tha:

- Dua të dërgoj një letër në Shtetet e Bashkuara.
- Të thjeshtë apo të porositur, e pyeti nëpunësja.
- Të porositur.
- E keni shkruajtur adresën?
- Po.
- Ma jepni letrën, ju lutem.
- Xhoni i dha letrën dhe i pagoi paratë sa kushtonte dërgimi. Ndërkohë Xhoni pa Zanën. Ajo i tha se kishte ardhur të dërgonte një telegram urgjent. Donte të uronte nënën e saj për ditëlindjen.
- Kur mbaroi punë Zana, ata dolën nga posta të dy bashkë.

B TRANSLATION:

Yesterday John was in the post office. He saw a lot of people there. In the post office you can buy envelopes or postcards, simple mail stamps and first class stamps. Some people were mailing letters, some sending telegrams while others talked on the phone.

John wanted to send a letter. His relatives are glad to receive letters from him. As he was leaving, they asked him to write as often as he could. And John writes to them every week. He went closer to the postal employee and said to him: - I want to mail a letter to the USA.

- Do you want to send it by airmail or registered mail?
- Registered.
- Have you written the address?
- Yes.
- Give me your letter, please.

John gave him the letter and paid for the delivery. At the same time, John saw Zana. She told him that she came to deliver an urgent telegram. She wanted to wish her mother a happy birthday.

When Zana finished, they left the post office together.

C. Learn the expressions used in the post office:

Shkruani, ju lutem, adresën - *Please write the address.*
Më thoni, ju lutem, adresën - *Please tell me the address.*
Unë nuk e di adresën - *I don't know the address.*
Shkruani adresën time - *Write my address.*
Ku është posta? - *Where is the post office?*
Kur hapet posta ? *When does it open?*
Sa kushton pulla për një letër të thjeshtë? *How much does an air mail stamp cost?*
Sa kushton një letër e porositur? *How much does a registered letter cost?*
Më tregoni, ju lutem, disa kartolina me pamje nga Tirana - *Can you please show me some postcards with views of Tirane?*
Unë dua të postoj një letër - *I want to mail a letter.*
Dua të dërgoj një letër të porositur - *I'd like to send a registered letter.*
Unë dua të dërgoj këtë pako - *I want to mail this box.*
Prisni letrën time - *Wait for my letter.*
Pres letrat e tua - *I am waiting for your letters.*
Unë dua të nis këtë telegram urgjent - *I'd like to send this urgent telegram.*
Dua të dërgoj një telegram me përgjigje të paguar -*I want to send a prepaid reply telegram.*
Sa kushton telegrami?- *How much do I pay for the telegram?*
Dua të bëj një telefon - *I'd like to make a telephone call.*
Ku ka ndonjë telefon automatik? *Where can I find a pay phone?*
Çfarë monedhe duhet për telefonin automatik? *What coins do I need for the phone?*
Alo, kush po flet? - *Hello, who is speaking?*
Më thirrni përsëri në telefon - *Call me back again.*
Më telefononi nesër - *Call me back tomorrow.*

II. GRAMMAR:

A. THE IMPERFECT OF THE INDICATIVE

The Imperfect of the Indicative expresses a continued, customary, or repeated action, or a state of being in the past. For example:

Disa postonin letra, disa dërgonin telegrame dhe të tjerë zhvillonin biseda telefonike. *Some people were mailing letters, some sending telegrams while others were talking on the phone.*

Xhoni donte të dërgonte një letër. *John wanted to send a letter.*
Ishte ora nëntë e mbrëmjes. *It was nine o'clock in the evening.*
Javën e kaluar ata ishin në Tiranë *Last week they were in Tirane.*
The Imperfect of the Indicative in Albanian has these forms:

I CONJUGATION

active		*reflexive*
unë	mëso-ja	mëso-hesha
(I learned, I was learning)		*(I was becoming accostumed)*
ti	mëso-je	mëso-heshe
ai (ajo)	mëso-nte	mëso-hej
ne	mëso-nim	mëso-heshim
ju	mëso-nit	mëso-heshit
ata (ato)	mëso-nin	mëso-heshin

Negative forms: nuk mësoja...   nuk mësohesha...

II CONJUGATION

unë	hap-ja	hap-esha
(I opened, I used to open)		*(I was becoming open)*
ti	hap-je	hap-eshe
ai (ajo)	hap-te	hap-ej
ne	hap-nim	hap-eshim
ju	hap-nit	hap-eshit
ata (ato)	hap-nin	hap-eshin

Negative forms: nuk hapja...   nuk hapesha...

THE IMPERFECT INDICATIVE OF SOME VERBS:

jam *(to be)*	isha	ishe	ishte	ishim	ishit	ishin
kam *(to have)*	kisha	kishe	kishte	kishim	kishit	kishin
vë *(to put)*	vija	vije	vinte	vinim	vinit	vinin
pi *(to drink)*	pija	pije	pinte	pinim	pinit	pinin
dua *(to want)*	doja	doje	donte	donim	donit	donin

B. THE IMPERFECT OF THE SUBJUNCTIVE is formed by adding the particle *të* to the Imperfect of the Indicative.

vishja - *të vishja*	vishesha - *të vishesha*
gëzoja - *të gëzoja*	gëzohesha - *të gëzohesha*

EXERCISE 1.

Put the verbs in brackets into the Imperfect:
Example: Dje Petriti (jam) i sëmurë.
Dje Petriti *ishte* i sëmurë.

1. Ai (lexon) zakonisht shumë.
2. Ai nuk mund të (shkoj) në punë, se (kam) temperaturë të lartë.
3. Ai (kam) dhimbje dhe nuk (përtypem) dot.

136

4. Petriti (jam) tek mjeku, sepse nuk e (ndiej) veten mirë.
5. Mjeku i kontrolloi fytin dhe e këshilloi të (marr) aspirina.
6. Mjeku i tha gjithashtu që të (rri) shtrirë dy ditë dhe të (bëj) një kontroll tjetër.

VOCABULARY:

postë-a - post office
zyra e postës - post office
zarf-i - envelope
letër-a - letter
pullë postare - mail stamp
postoj letrën - to mail the letter
letër e porositur - registered letter
kartolinë-a - postcard
me pamje nga - with the view from
postoj - to mail
dërgoj - to deliver
nis letrën - to mail the letter
telegram-i - telegram
marr telefon (telefonoj) - to call
(on the phone)

bisedë-a - talk
bisedë telefonike - phone talk
të afërmit - relatives
porosis - to order
sa më shpesh - as often as you can
çdo javë - every week
u ka shkruajtur - have written
kishte ardhur - have arrived
urgjent - urgently
kishte ardhur - have arrived
urgjent - urgent
dal - to go out
rri - to stay
telefon automatik - automated
telephone

MËSIMI I NJËZETETETË - LESSON 28

I. NË DYQANIN E VESHJEVE PËR BURRA
IN THE MEN'S CLOTHING DEPARTMENT

A.

Marini: Ja dhe dyqani universal. Këtu mund të blini të gjitha gjërat që ju duhen.

Xhoni: Hyjmë brenda. Nuk e dija se ky dyqan punon edhe ditën e diel.

Marini: Ky është reparti i veshjeve për burra. Ja dhe shitësja. Tungjatjeta!

Shitësja: Tungjatjeta! Me se mund t'ju shërbej?

Xhoni: Mund të ma tregoni atë këmishën e bardhë, ju lutem?

Shitësja: Posi jo. Mund t'ju tregoj edhe këmisha të ngjyrave të tjera.

Xhoni: Kjo këmishë më pëlqen. Po kapele keni?

Shitësja: Kemi kapele kashte. Dëshironi t'i shihni?

Xhoni: Pikërisht ajo që më duhet. Këtu bën shumë nxehtë. Ta provoj një herë? *(Marinit)* Si më rri?

Marini: Shumë bukur ju rri. Blijeni.

Xhoni: A mund të m'i tregoni, ju lutem, ato pantallonat atje?

Shitësja: T'ju sjell vetëm një palë?

Xhoni: Po, ato veroret. Më pëlqyen. Po i marr dhe këto. Sa kushtojnë?

Shitësja: Të gjitha kushtojnë 500 lekë.

Xhoni: I mbështillni, ju lutem. Falemnderit. Urdhëroni paratë. Mirupafshim.

Marini: Mirupafshim!

Shitësja: Falemnderit. Mirupafshim.

B. TRANSLATION:

Marin: *Here it is the department store. You can buy everything here that you need.*

John: *Let's go inside. I did not know that the store was open on Sundays.*

Marin: *Here is the the men's clothing department. Here is the saleswoman. Hello!*

Saleswoman: *Hello! May I help you?*

John: *Please, can you show me that white shirt?*

Saleswoman: *Sure. I can show you this white one as well as colored shirts .*

John: *I like this white one. Do you have men's hats?*

Saleswoman: *We have straw hats. Would you like to look at them?*

John: *It's just what I wanted. It is very hot here. Can I try it on? (To Marin) How does it look?*

Marin: *It's great. You must buy it.*

John: *Please, show me those pants there.*

Saleswoman: *Do you want only one pair?*

John: *Yes, only these summer pants. I like them. I will buy these pants too. How much does it cost all together?*

Saleswoman: *All together it's 500 lekë.*

John: *Wrap them up for me for me, please. Thank you. Here is the money. Good bye.*

Marin: *Good bye*

Saleswoman: *Thank you. Good bye!*

C. REMEMBER THESE EXPRESSIONS:

Ku është Mapoja? - *Where is the department store?*

Ku është reparti i veshmbathjeve për burra (për gra) ? - *Where's the men's (ladies') clothing department?*

Kur hapet dyqani? - *What time does the store open?*

Ku është reparti i rrobave të gatshme? - *Where is the dress department?*

Unë desha të blija... - *I want to buy...*

Keni ju ...? - *Do you have...?*

Kjo nuk më pëlqen - *I don't like this.*

Qënka shumë shtrenjtë - *It's too expensive.*

Më jepni, ju lutem, atë... *Please, give me that...*

I mbështillni, ju lutem, të gjitha bashkë. *Wrap them up all together, please.*

Më duhet një kapele - *I need a hat.*

Dua të provoj një kapele. *I would like to try on a hat.*

Po e marr këtë kapele. *I will buy this hat.*

Ku është dhoma e provave? *Where's the fitting (dressing) room?*

Është e lirë dhoma e provës? *Is the fitting room free?*

Ky kostum më vjen i madh (i vogël). *This suit is too large (small) for me.*

Pantallonat janë të gjata (të shkurtra). *These pants are too long (short).*

Më duhet një këmishë me ngjyra. *I am looking for a colored shirt.*

Sa kushton kjo këmishë? - *How much does this shirt cost?*

Sa kushtojnë të gjitha? *How much does this cost all together?*

II. GRAMMAR:

1. THE SUBJUNCTIVE WITH THE ABBREVIATED FORMS OF THE PERSONAL PRONOUNS IN DATIVE AND ACCUSATIVE CASES.

In the sentences: Mund te më tregoni një këmishë të bardhë, ju lutem? *(Please, can you show me a white shirt?).* Doni t'i takoni ata? *(Do you want to meet them?)* the underlined verbs are in the Present Subjunctive .

These verbs are used with the abbreviated forms of the Personal Pronouns in the Dative and Accusative cases (in English - indirect object and direct object pronouns). The abbreviated forms double the Direct and Indirect object Pronouns and are placed before the verb.

139

Dative case (indirect object):

Ai do **të më** tregojë një histori (mua).	*He wants to tell* me *a story.*
Ai do **të të** tregojë një histori (ty).	He wants to tell you a story.
Ai do **t'i** tregojë një histori (atij, asaj).	*He wants to tell* him/her *a story*
Ai do **të na** tregojë një histori (ne).	*He wants to tell* us *a story*
Ai do **t'ju** tregojë një histori (juve).	*He wants to tell* you *a story*
Ai do **t'u** tregojë një histori (atyre).	*He wants to tell t*hem *a story*

Note the contractions: të+i = **t'i**, të+ju = **t'ju**, të+u = **t'u.**

Accusative case (direct object):

Ai duhet **të më** pyesë(mua).	*He must ask me.*
Ai duhet **të të** pyesë (ty).	*He must ask you.*
Ai duhet **ta** pyesë (atë).	*He must ask him (her).*
Ai duhet **të na** pyesë (ne).	*He must ask us.*
Ai duhet **t'ju** pyesë (ju).	*He must ask you.*
Ai duhet **t'i** pyesë (ata, ato).	*He must ask them.*

Note the contractions: të+i= **ta**, të+ju= **t'ju**, të+u= **t'i**.

EXERCISE **1.**

Place in the blank the abbreviated forms of the Personal Pronouns.
Example: Ai do të _____flasë (mua) vetëm shqip.
Ai do *të më* flasë vetëm shqip.
He likes to speak to me only in Albanian.

1. Unë dua të __ tregoj (ty) si ndodhi puna. *I want to tell you how this has happened.*
2. Ti duhet të ___ thuash (asaj) të vërtetën. *You must tell her the truth.*
3. Kërkoj të ___ japësh (mua) përgjigje. *I am asking you to answer me.*
4. Mund të ___ tregosh çfarë dëgjove (neve)? *Can you tell us what you have heard.?*
5. Për këtë nuk desha të____ shqetësoj (ty). *I did not want to bother you.*
6. Dua të ____ thuash atyre që të vijnë menjëherë. *I want to tell them to come immediately.*

EXERCISE 2.

Replace the personal pronouns with the abbreviated forms.
Example: Duhet të (mua) takosh më shpesh. *You must meet me more often.*
Duhet të *më* takosh më shpesh.

1. Sa kohë duhet të (ty) presë këtu? *How long must I wait for you?*
2. Duhet të (mua) thuash të vërtetën. *You must tell me the truth.*
3. Mos harro të ... thuash (asaj). *Don't forget to tell her.*
4. Duhet të... (ata) lexosh të gjithë librat. *You must read all the books.*
5. Mos harro të ... (neve) shkruash. *Don't forget to write us.*
6. Çfarë mund të ... (juve) them? *What can I say to you?*

VOCABULARY:

dyqan veshmbathjeje - clothing store
dyqan këpucësh - shoe store
dyqan ushqimor - grocery store
repart-i - department
dyqan rrobesh të gatshme për burra - men's department
dyqan rrobesh të gatshme për gra - ladies' department
shërbej - to serve, to wait on (a client)
mund t'ju shërbej - may I help you?
tregoj - to show
këmish/ë - a - shirt
i (e) bardhë - white
me ngjyra - colored
sportiv - running
kapele-ja - hat

prej kashte - straw hat
pikërisht - just
provoj - to try
si më rri?- how does it look?
pantallona - pants, trousers
një palë - a pair
çorape - socks, socking, stockings
verore - summer's
mbështjell - to pack, to wrap
i (e) shtrenjtë - expensive
dhoma e provës - fitting room
i madh (e madhe) - too big
i (e) vogël - too small
i (e) gjatë - too long
i (e) shkurtër - too short

MËSIMI I NJËZETENËNTË - LESSON 29

I. XHONI NË UNIVERSITETIN E TIRANËS
JOHN AT THE UNIVERSITY OF TIRANE

A.

Xhoni i kishte thënë disa herë Marinit që të shkonin në Universitetin e Tiranës. Një ditë Marini me Xhonin shkuan në Universitet. Në fillim ata panë korpusin qëndror, ku janë vendosur Fakulteti i Inxhinjerisë dhe Fakulteti i Shkencave Politiko-Shoqërore. Korpusi qendror ndodhet në fund të bulevardit "Dëshmorët e Kombit". Ajo është një godinë e lartë shumëkatëshe në rrëzë të një kodre.

Pranë korpusit qëndror ndodhet Fakulteti i Shkencave Ekonomike. Këtu Xhoni u takua me disa pedagogë, që ishin shokë të Marinit. Ata bisedaun për programet mësimore, studentët etj.

Fakulteti i Historisë dhe Filologjisë ndodhej pak më larg, në rrugën e Elbasanit. Fare pranë këtij fakulteti ndodhet Qyteti i Studentëve. Në Qytetin e Studentëve ka shumë godina, ku banojnë studentë të degëve të ndryshme. Në mes të Qytetit të Studentëve ndodhet një shesh i madh, i cili tani quhet "Sheshi i Demokracisë", sepse këtu u mblodhën para disa vitesh studentët për të kërkuar vendosjen e demokracisë.

Fakulteti i Shkencave të Natyrës dhe ai i Mjekësisë ndodhen larg, në anën tjetër të Tiranës, prandaj dhe Xhoni me Marinin vendosën të shkonin atje një herë tjetër.

B. TRANSLATION:

John has asked Marin to go to see the University of Tirane several times. One day Marin and John went to the university. At first they looked at the central campus, where the Engineering faculty and faculty of Political and Social Sciences are located. The central campus building is at the end of "Dëshmorët e Kombit" Boulevard. It is a high, multi-floored building on the hillside.

Near the central campus is the faculty of Economics. Here John met some teachers, Marin's friends. They talked about the school programs, students, etc.

The faculty of History and Linguistics was a little farther away, on Elbasan Street. Nearby was the student village. In the student village there are a lot of buildings, where students from various departments live. In the center of the village there is a big square, which now bears the name of "Democracy Square" because several years ago students gathered here in a big demonstration to demand the establishment of a democratic regime.

The faculty of Natural Sciences and the faculty of Medicine are far way from here, on the other side of Tirane, and that is why John and Marin agreed to go there another time.

- Ku shkuan një ditë Xhoni me Marinin? *Where did John and Marin go the other day ?*

- Xhoni me Marinin shkuan një ditë në Universitetin e Tiranës. *John and Marin went to the University of Tirane the other day.*

- Çfarë panë ata në fillim? *What they did see first?*

- Në fillim ata panë korpusin qëndror. *First of all they saw the central campus.*

- Ku ndodhet korpusi qëndror? *Where is the central campus located ?*

- Korpusi qëndror ndodhet në fund të bulevardit "Dëshmorët e Kombit". *The central campus is located at the end of "Dëshmorët e Kombit" Boulevard.*

- Cili fakultet ndodhet pranë korpusit qëndror? *Which faculty is located near the central campus?*

- Pranë korpusit qëndror ndodhet Fakulteti i Shkencave Ekonomike. *The faculty of economics is located near the central campus*

- Me kë u takua Xhoni dhe për çfarë bisedoi? *With whom did John meet and what did they talk about?*

- Xhoni u takua me disa pedagogë dhe bisedoi për programet mësimore, përgatitjen e studentëve etj. *John met some teachers and they talked about the school programs, students, etc.*

- Ku ndodhet Fakulteti i Historisë dhe Filologjisë? *Where is the faculty of history and linguistics located ?*

- Fakulteti i Historisë dhe Filologjisë ndodhet në rrugën e Elbasanit. *The faculty of History and Linguistics is located on Elbasan Street.*

- Çfarë ndodhet pranë tij? *What is located nearby?*

- Pranë këtij fakulteti ndodhet Qyteti i Studentëve. *The student village is located nearby.*

- Çfarë ka në Qytetin e Studentëve? *What is in the student village?*

- Në Qytetin e Studentëve ka shumë godina, ku banojnë studentë të degëve të ndryshme. *In the student village there are many buildings where the students of various departments live.*

- Si quhet sheshi i madh në mes të Qytetit të Studentëve? *What is the name of the big square in the center of the student village?*

- *Sheshi i madh në mes të Qytetit të Studentëve quhet "Sheshi i Demokracisë", sepse këtu u mblodhën studentët për të kërkuar demokraci. The big square in the center of the student village bears the name of "Democracy Square" because students gathered here to demand the establishment of democracy.*

II. GRAMMAR:

1. THE ABLATIVE CASE

In the preceding text, some nouns are in the Ablative case, for example:
rrëzë një kodre - *on the hillside*
pranë fakultetit - *near the faculty*

143

pranë korpusit qëndror - *near the central campus*

Used with the prepositions *prej* (from), *afër* (near), *pranë* (near, nearby), *gjatë* (along, long), *rreth* (about, around), *jashtë* (outside), *larg* (far way), *brenda* (inside, in) *etc.*. the Ablative generally indicates *place,* answering the question *where?* That is why the Ablative may also be called the *Locative* case. Here are some other examples:

jo larg prej bulevardit -	*not so far from the boulevard*
godina afër hotelit -	*the building near the hotel*
pema pranë shtëpisë -	*the tree near the house*
bisedë gjatë rrugës -	*a talk along the way*
kopshti rreth shtëpisë -	*the garden around the house*
punë jashtë qytetit -	*work outside the city*
shtëpi larg qytetit -	*a house far from the city*
godinë para fakultetit -	*a building in front of the faculty*
punë brenda shtëpisë -	*work inside the house*

The Ablative case may also indicate the material with which an object is made, for example:

fustan leshi (prej leshi) - *wool skirt*
këmishë pambuku (prej pambuku) - *cotton shirt*
kapele kashte - *straw hat*
këpucë lëkure - *leather shoes*

In the Ablative case, the nouns have these endings:

Singular		Plural	
Indefinite form	Definite form	Indefinite form	Definite form
	Masculine		
(një) shesh-i	sheshit	(disa) sheshe-ve	sheshe-ve
(një) mik-u	mik-ut	(disa) miq-ve	miq-ve
	Feminine		
(një) fjal-e	fjalë-s	(disa) fjalë-ve	fjalë-ve
(një) shtëpi-e	shtëpi-së	(disa) shtëpi-ve	shtëpi-ve
(një) shoqe-je	shoqe-s	(disa) shoqe-ve	shoqe-ve

EXERCISE 1.
Put the nouns in brackets in the Ablative case:
Example: Pranë (korpusi qëndror) ndodhet Fakulteti i Inxhinjerisë.
Pranë korpusit qëndror ndodhet Fakulteti i Inxhinerisë.

1. Korpusi qëndror ndodhet pranë (një kodër).
2. Xhoni bleu një kapele (kashtë).
3. Unë bleva një këmishë (pambuk).
4. Në dyqan ishin një palë këpucë të bukura (lëkurë).
5. Rreth (shtëpi) sime nuk ka asnjë shesh.
6. Ai ka gjetur punë jashtë (qytet).

VOCABULARY:

kishte thënë - has said
një ditë - one day
korpusi qëndror - central campus
shkencat politiko shoqërore -
political and social sciences
fakultet-i - faculty, department
universitet-i - university
degë-a - branch, department
inxhinjeri - engineering
rrëzë një kodre - on the hillside
ekonomik - economics
program mësimor - school
program
përgatitje - preparation

histori-a - history
filologji-a - linguistics
fare pranë - nearby
kërkoj - to ask, to search
demokraci - democracy
shkencat e natyrës - natural
sciences
mjekësi-a - medicine
vendosën të shkonin - they decided
to go
një herë tjetër - another time
lesh-i - wool
pambuk-u - cotton
lëkurë - leather

MËSIMI I TRIDHJETË - LESSON 30

I. XHONI NUK E NDIEN VETEN MIRË
JOHN DOES NOT FEEL WELL

A.

Sot Xhoni nuk e ndiente veten mirë. Ai vendosi të rrinte shtrirë, sepse ndiente të ftohtë dhe kishte pak të dridhura. Xhoni thirri kujdestaren dhe i tha:

- Nuk ndihem mirë. Kam të dridhura. Më sillni, ju lutem, edhe një batanije.
- T'ju sjell edhe një borsë me ujë të ngrohtë? - pyeti kujdestarja.
- Po, ma sillni.

Kur kujdestarja solli batanijen dhe borsën, Xhoni e pyeti:
- Mund të më sillni një gotë çaj të nxehtë dhe ndonjë aspirinë?
- Posi jo, - iu përgjigj kujdestarja. - Po shkoj t'i marrë poshtë në çast.
- Mos harroni, ju lutem, të më sillni dhe gazetat, - i tha Xhoni.

Pas pak kujdestarja u kthye me gotën e çajit, aspirinat dhe gazetat.

Xhoni i tha asaj:
- Gotën e çajit ma jepni tani, ma jepni, ju lutem, dhe aspirinën, kurse gazetat m'i lini mbi tavolinë. Ju falemnderit.
- Më thirrni përsëri, po të keni nevojë, - i tha kujdestarja dhe u largua.

B. TRANSLATION

Today John did not feel well. He decided to stay in bed, because he felt cold and had a slight fever. John called the housekeeper and said to her:
- *I don't feel well. I have a fever. Please bring me one more blanket.*
- *Would you like me to bring a foot-warmer?- asked the housekeeper.*
- *Yes, bring it, please.*

When the housekeeper brought the blanket and the foot-warmer, John asked her:
- *Can you bring me a cup of hot tea and an aspirin?*
- *Sure, - answered the housekeeper. I will go down and bring it in a second.*
- *Don't forget, please, to bring me the newspapers, - said John.*

A moment later the housekeeper returned with a cup of tea, an aspirin and the newspapers.

John said to her:
- *Please hand me the tea and aspirin. You can lay the newspapers on the table. Thank you very much.*
- *You can call me again if you need anything, - said the housekeeper and went out.*

C. MEMORIZE THE FOLLOWING EXPRESSIONS:

Si mund ta thërras kujdestaren? *How can I call the housekeeper?*
Më sillni, ju lutem, një borsë. *Please bring me a foot-warmer.*
Më sillni, ju lutem, edhe një batanije. *Please bring me one more blanket.*
Ku është dushi? *Where is the bathroom?*
Është gati banja? *Is the bathroom ready?*
Kur bini të flini? *When do you go to sleep?*
Më zgjoni, ju lutem, në ora 6. *I'd like a wake up call at six in the morning.*

II. GRAMMAR:

A. THE IMPERATIVE

The verb in the Imperative expresses a command or a request.
Flit! *Speak!*
U thuaj të hyjnë brënda! *Tell them to come in!*
Më ço deri në stacion! *Take me to the station!*

In Albanian, the Imperative uses forms from the Present tense of the Indicative (second person singular and plural):

	Singular	Plural	
shikoj	shiko	shiko-ni	*look*
bëj	bëj	bë-ni	*do*
shkruaj	shkruaj	shkrua-ni	*write*
hyj	hyr	hy-ni	*go in*
hap	hap	hap-ni	*open*
marr	merr	merr-ni	*take*
flas	fol	flit-ni	*speak*
rri	rri	rrini	*stay*

The negative is formed by using the adverb *mos*: <u>mos flit - mos flisni</u> *(don't speak),* <u>mos merr-mos merrni</u> *(don't take)* etc.

The pronoun *ti* and *ju* are omitted in giving commands, for example: *Dil jashtë!* (Go out!), *Dëgjo !* (Listen!).

When a commmand is given to a group which includes the speaker, the first person plural of the Present Subjunctive is used, for example:
Është vonë,<u> të shkojmë</u>. We are tired, *let's go.*
Jemi lodhur,<u> të pushojmë</u>. We are tired, let's take a break..

EXERCISE 1.

Put the verbs in brackets into the imperative:
Example: (Lexoj) me kujdes.

Lexo me kujdes.

1. (Shkruaj) pa gabime. 2. (Dëgjoj) me vëmendje. 3. (Hap) dritaren. 4. (Flas) më ngadalë. 5. (Hyj) brenda. 6. (Dal) përjashta. 7. Mos (lëviz) nga vendi. 8. (Rri) përjashta. 9. (Punoj) më shumë. 9. (Marr) librat.

B. THE IMPERATIVE WITH THE ABBREVIATED FORMS OF THE PERSONAL PRONOUNS

The Imperative can be used with the abbreviated forms of the Personal Pronouns (indirect and direct object pronouns) in the Dative and Accusative cases:

in the dative:

Më shkruaj (mua)!	*Shkruajmë!*	Mos *më* shkruaj!
Write to me!		Don't write to me!
I shkruaj (atij)!	*Shkruaji!*	Mos *i* shkruaj!
Write to him!		Don't write to him!
I shkruaj (asaj)!	*Shkruaji!*	Mos *i* shkruaj!
Write to her!		Don't write to her!
Na shkruaj (neve)!	*Shkruajna!*	Mos *na* shkruaj!
Write to us!		*Don't write to us!*
U shkruaj (atyre)!	*Shkruaju!*	Mos *u* shkruaj!
Write to them!		Don't write to them!

in the accusative:

Më shpëto (mua)!	*Shpëtomë!*	Mos *më* shpëto!
Save me!		*Don't save me!*
E shpëto (atë)	*Shpëtoje!*	Mos *e* shpëto!
Save him (her)!		Don't save him (her)
Na shpëto (ne)	*Shpëtona!*	Mos *na* shpëto!
Save us!		Don't save us!
I shpëto (ata, ato)	*Shpëtoji!*	Mos i shpëto!
Save them!		Don't save them!

EXERCISE 2
Translate into English:

1. Më sillni, ju lutem, një batanije tjetër.
2. Mos harroni, ju lutem, të më sillni gazetat.
3. Gotën e çajit ma jepni tani.
4. Gazetat m'i lini mbi tavolinë.
5. Më thirrni përsëri, po të keni nevojë.

6. Mos i thuaj Marinit.
7. Mos i flit Zanës.

VOCABULARY:

e ndiej veten mirë (keq) - I feel
good (I feel bad)
vendos - to decide
rri shtrirë - lay down
ndiej të ftohtë - I have a cold
kam të dridhura - I have a fever
thërras - to call
sjell - to bring
batanije-a - blanket
pastruese - housekeeper, maid
borsë për këmbët - foot-warmer

ujë i ngrohtë - warm water
një gotë çaj - a cup of tea
i(e) nxehtë - hot
aspirinë - aspirin
posi jo - why not, sure
harroj - to forget
kthej - kthehem - to return, to
come back
jap - to give
po të keni nevojë - if you need

Folk music.

MËSIMI I TRIDHJETENJËTË - LESSON 31

I. MARINI SHQETËSOHET PËR SHËNDETIN E XHONIT
MARIN WORRIES ABOUT JOHN'S HEALTH

A.

Marini: Mirëmëngjes, Xhon! Më thanë se keni qenë i sëmurë mbrëmë natën? Pse nuk më telefonuat? Si ndjeheni tani?

Xhoni: Tani ndjehem shumë mirë. Mos u shqetësoni për mua. Ja, do të vishem në çast dhe do të dalim të dy bashkë. Dje kam qenë, vërtet, pak i sëmurë, por piva një gotë çaj të nxehtë dhe një aspirinë. Tani çdo gjë më ka kaluar. Kisha ethe. Me siguri do të jem ftohur pak.

Marini: Doni të shkoni te mjeku?

Xhoni: Nuk ka nevojë të shkojmë tek mjeku. Jam shumë mirë.

Marini: Qofshin të shkuara, aherë! E kemi lënë të shkojmë në bibiotekë sot?

Xhoni: Po. Dje nuk kam punuar fare. Lexova vetëm gazetat. Sot më duhet të shfletoj disa libra për artikullin që po shkruaj.

Marini: E keni nisur artikullin?

Xhoni: Po, e kam nisur. Kam menduar të shkruaj për të kaluarën historike të popullit shqiptar. Si mendoni?

Marini: Shumë mirë! Jam gati t'ju ndihmoj, po të keni nevojë.

Xhoni: Kam shfletuar shumë gazeta e revista, kam lexuar mjaft libra gjatë këtyre ditëve, por më duhen dhe shpjegimet e tua. Më mirë është që të shkojmë të punojmë në bibliotekë.

Marini: Shumë mirë. Po të jeni veshur, nisemi.

Xhoni: Po, jam veshur. Shkojmë.

B. TRANSLATION:

Marin: Good morning, John! They said that you were sick last night. Why didn't you call me? And how do you feel now?

John: Now I feel very well. Don't worry about me. I will be dressed in a second and we will go out together. Yesterday I was really sick, but I had a cup of hot tea and took an aspirin. Now all has passed. I had a fever. Evidently, I caught a cold.

Marin: Would you like to go to the doctor?

John: There is no need to go to the doctor. I feel very well.

Marin: Let us hope that all has passed. We agreed to go to the library today?

John: Oh, yes. Yesterday I did not work. I only read the newspapers. Today I would like to skim through some books for the topic that I am writing.

Marin: You have started to write the article?

John. Yes, I started it. I think I want to write about the history of the Albanian people. What do you think?

Marin: Very good! I am ready to help you, if you need it.

John: I already skimmed through a lot of magazines and newspapers, I read a lot of books in the past few days, but I need some clarifications. It would be better to work in the library.
Marin: O.K., if you are ready, we can go.
John: Yes, I am already dressed. Let's go.

II. GRAMMAR:

A. THE PARTICIPLE

The Participle is a verblike adjective. It is very rarely used alone. The Participle in Albanian is used primarily to form the adjectives and the compound tenses of the verb.

Such adjectives as **i sëmurë** (sick), **i lagur** (wet), **të mbetura** (remains), **i mbaruar** (finished, perfect), **i kaluar** (past) etc. were originally participles.

As a verblike form the Participle is used to form various tenses in the Active and Passive voices (Present Perfect, Pluperfect), the Gerund and the Infinitive (Paskajore).

The Participle of regular verbs is formed with the endings **-uar** (punoj-punuar - *worked*), **-rë** (laj - larë - *washed*), **-tur** (gjej - gjetur - *found*) for the verbs of the First conjugation.

The verbs of the Second conjugation form the Participle with the endings **-ur** (hap - hapur - *open*; lidh - lidhur - *linked*), **-rë** (pi - pirë - *drunk*), **-tur** (di - ditur - known), **-në** (lë - lënë - *put*).

The Participle of the irregular verbs must be memorized, because such verbs often form the Participle from other roots, for example: shoh - **parë** (seen), jam - **qenë** (been), kam - **pasur** (had) etc.

B. PRESENT PERFECT OF THE INDICATIVE

The Present Perfect (or simply Perfect) indicates an action that has taken place in the past, but the results of this action are evident in the present. For example,

> I <u>kam lexuar</u> të gjitha gazetat e sotme
> I have read all of today's newspapers.
> E <u>kemi lënë</u> të shkojmë në bibiotekë sot?
> *We have agreed to go to the library today?*

The Present Perfect of *active* verbs is formed with the Present tense of the auxiliary verb **kam**, followed by the participle of the verb to be conjugated, for example:
> studjoj - <u>kam studjuar</u> *(to study - I have studied)*
> flas - <u>kam folur</u> *(to speak - I have spoken)*

The Present Perfect of *non-active* verbs (reflexive) is formed with the Present of the auxiliary verb **jam,** followed by the participle of the verb conjugated, for example:

këshillohem - <u>jam këshilluar</u> *(to be advised- I have been advised)*,

drejtohem - <u>jam drejtuar</u> *(to be ruled- I have been ruled)*.

Below are the models of the Present Perfect:

I conjugation

Active

harroj		unë	kam harruar	*I have forgotten*
(to forget)	ti	ke	harruar	*You have forgotten*
	ai (ajo)	ka	harruar	*He has forgotten*
	ne	kemi	harruar	*We have forgotten*
	ju	keni	harruar	*You have forgotten*
	ata (ato)		kanë harruar	*They have forgotten*

Negative form: Unë nuk   kam harruar... *I have not forgotten...*

Passive

harrohem *(to be forgotten)*

unë	jam harruar	*I have been forgotten*
ti	je harruar	*You have been forgotten*
ai (ajo)	është harruar	*He/She has been forgotten*
ne	jemi harruar	*We have been forgotten*
ju	jeni harruar	*You have been forgotten*
ata (ato)	janë harruar	*They have been forgotten*

Negative form: Unë nuk jam harruar...   *They have not been forgotten*

II conjugation
Active
hedh *(to throw)*

unë	kam hedhur	*I have thrown*
ti	ke hedhur	*You have thrown*
ai (ajo)	ka hedhur	*He/She has thrown*
ne	kemi hedhur	*We have thrown*
ju	keni hedhur	*You have thrown*
ata (ato)	kanë hedhur	*They have thrown*

Negative form: Unë nuk kam hedhur...   *I have not thrown...*

Passive
hidhem *(to be thrown)*

unë	jam hedhur	*I have been thrown*
ti	je hedhur	*You have been thrown*
ai (ajo)	është hedhur	*He/she has been thrown*

ne	jemi hedhur	*We have been thrown*
ju	jeni hedhur	*You have been thrown*
ata (ato)	janë hedhur	*They have been thrown*

Negative form: Unë nuk jam hedhur...   *I have not been thrown*

REMEMBER THE PRESENT PERFECT OF THESE VERBS

shkoj *(to go)* - kam shkuar
laj *(to wash)* - kam larë
shoh *(to see)* - kam parë
marr *(to take)* - kam marrë
dal *(to go out)* - kam dalë
them *(to say)* - kam thënë
ha *(to eat)* - kam ngrënë
vë *(to put)* - kam vënë
lë *(to leave)* - kam lënë
jap *(to give)* - kam dhënë

kam *(to have)* - kam pasur
jam *(to be)* - kam qenë
bie *(to fall)* - kam rënë
pres *(to wait)* - kam pritur
pres *(to cut)* - kam prerë
fle *(to sleep)* - kam fjetur
flas *(to speak)* - kam folur
pyes *(to ask)* - kam pyetur
përgjigjem *(to answer)*- jam përgjigjur
ndërtohem *(to be built)* - jam ndërtuar

EXERCISE I.

Place the verbs in brackets in the Present Perfect, matching gender and person with the nouns.

Example: Sot unë nuk (lexoj - lexuar) asnjë libër.
         Sot unë *nuk kam lexuar* asnjë libër.
         Today I have not read any book.

1. Çdo ditë ai (punoj - punuarj) sistematikisht.
2. Unë (dëgjoj - dëgjuar) se ai nuk punon më.
3. A ju (jap - dhënë) kush ndonjë libër për mua?
4. Me Marinin (jam - qenë) disa ditë në Durrës.
5. Mora vesh se ju (sëmurem-sëmurur) mbrëmë.
6. Ne e (lë - lënë) të shkojmë në bibliotekë sot.
7. Ky pallat (ndërtohem - ndërtuar) dy vjet më parë.

153

VOCABULARY:

më thanë - they tell me
i(e) sëmurë - ill, sick
sëmurem - to become sick
telefonoj - to call
si jeni? - how are you
si ndjeheni? - how do you feel?
më thanë - they tell me
i(e) sëmurë - ill, sick
sëmurem - to become sick
telefonoj - to call
si jeni? - how are you?
si ndjeheni? - how do you feel?
shqetësohem - to worry
vesh - to dressvishem - to be
dressed
bashkë - together
vërtet - really
çdo gjë ka kaluar - all now

remain in the past, or all has passed
kam të ftohtë - to feel cold
kam ethe - to have a fever
ftohem - to catch a cold
shpie (çoj) - to bring, to carry
nuk ka nevojë - there is no need
mjek - doctor, physician
si të dëshironi - as you like, as you
wish
e kemi lënë të ... we have agreed to...
shfletoj - to go through
nis - to stay
e kaluara - the past
mendoj - to think
mendim - thought
shpjegim - explanation
me gjithë qejf - with pleasure
më kot - in vain
në çast - in a second

Folk dance.

154

MËSIMI I TRIDHJETEDYTË - LESSON 32

I. NË BIBLIOTEKËN KOMBËTARE
IN THE NATIONAL LIBRARY

A.

Xhoni dhe Marini ishin dje në Bibliotekën Kombëtare dhe punuan atje tërë ditën. Ata ndenjën në Sallën Shkencore. Kjo bibliotekë ka një fond të pasur me libra dhe dorëshkrime në gjuhën shqipe dhe në gjuhë të huaja, që hedhin dritë mbi historinë, gjuhën dhe kulturën e popullit shqiptar.

Xhoni i porositi bibilotekares disa libra, të cilat kishin të bënin me periudha të ndryshme të historisë së Shqipërisë.

Marini, që është njohës i mirë i historisë dhe i kulturës së vendit të tij, i dha një ndihmë të madhe Xhonit me sqarimet e shpjegimet e tij.

Në fillim ata shfletuan një libër që fliste për periudhën e luftërave të popullit shqiptar me në krye heroin legjendar Gjergj Kastrioti (Skënderbej) kundër pushtuesve turq.

Pastaj Xhoni kërkoi nga Marini disa sqarime rreth një studimi, i cili fliste për Revolucionin Demokratiko-Borgjez të Qershorit të vitit 1924. Marini i tha se ai kishte qenë revolucioni më demokratik i kryer në Evropë në ato vite, por që u shtyp me dhunë nga reaksionarët e brendshëm të përkrahur nga ushtria mercenare e kralëve serbë.

Xhoni dhe Marini biseduan edhe për literaturën që mund të ndriçonte probleme të tjera të historisë së Shqipërisë, si copëtimin e saj më 1911, gjendjen e popullsisë shqiptare në trojet etnike të Jugosllavisë
(Kosovë, Maqedoni dhe Mal të Zi), periudhën e gjatë 50 vjeçare të regjimit të egër stalinist, si dhe vendosjen e pushtetit demokratik.

Ata u larguan nga biblioteka duke marrë me vete disa libra dhe të kënaqur për punën që kishin bërë.

B. TRANSLATION:

John and Marin were at the National Library yesterday and worked there all day. They sat in the science hall. This library has a rich collection of books and manuscripts in Albanian and foreign languages that highlight the history, language and culture of the Albanian people.

John called up some books dealing with various periods of Albania's history from the librarian.

Marin, well versed in the history and culture of his country, was a great help to John with his explanations and clarifications.

At first, they leafed through the books that dealt with the period of wars fought by the Albanian people led by their legendary hero, George Castrioti (Skenderbeg), who fought against the Turkish invaders.

Then John asked Marin for some clarification about a study that dealt with the Democratic-Bourgeois Revolution of June 1924. Marin told him that this was the most democratic of the revolutions that occurred in this period in Europe, but it was violently repressed by the internal reactionaries with the support of mercenary armies of Serb krals (princes).

John and Marin also talked about the literature that explains other problems of Albanian history such as the parceling of Albanian land in 1911, the state of the Albanian population in their ethnic sites in the former Yugoslavia (in Kosovo, Macedonia and Montenegro), the long period of the cruel Stalinist regime and the establishment of a democratic government.

They left the library with some books. They were pleased with the work that they had done.

C. MEMORIZE THE FOLLOWING EXPRESSIONS:

Unë dua të regjistrohem anëtar i bibliotekës - *I want to apply for a library card*

Unë kam gjetur disa libra në katalog, që dua t'i marr në shtëpi. Si të veproj? - *I found some books in the catalogue that I'd like to take out. How do I get them?*

Unë dua t'i marr këto libra në shtëpi - *I'd like to borrow these books*

Sa libra mund të marr njëherësh? *How many books can I take out at one time?*

Mua më duhet ky libër, por nuk po e gjej dot në raft - *I need this book, but I can't find it in the stacks.*

Duhet ta lexoj këtë libër këtu apo mund ta marr me vete? *Must I read this book here or can I take it out?*

Si t'ja bëj po nuk e mbarova librin në afatin e caktuar? *What do I do if I can't finish the book by the due date?*

Dua ta fotokopjoj këtë artikull = - *I want to photocopy this article.*

Sa kushton një fotokopje? *How much does photocopying cost?*

Mue falni, si mund ta gjejë një artikull të botuar vitin e kaluar në gazetën "Republika" - *Excuse me. How can I find an article published last year in the newspaper* Republika?

Si ta përdor, ju lutem, aparatin për leximin e mikrofilmave? *Please, how do I use this microfilm machine?*

II. GRAMMAR:

A. RELATIVE PRONOUNS

The Relative Pronouns in Albanian are: **i cili** (m), **e cila** (f), **të cilët** (m. pl.), **të cilat** (f. pl.) *(who, which, that)* and ***që*** *(that, who, which)*.

Xhoni iu drejtua bibliotekares **që** shërbente në sallë.

John asked the librarian **who** wasworking in the hall.

Në fillim ata shfletuan një libër, **i cili** fliste për luftën kundër pushtuesve turq.

At first they leafed through a book **that** dealt with the struggle against Turkish invaders.

In Albanian commas are usually placed before relative pronouns.

B. THE DECLENSION OF THE RELATIVE PRONOUNS

The pronoun **që**, which can be used in the place of all other Relative pronouns, is indeclinable. The pronoun **i cili** (who, which, that) is declined and changes gender, number and case depending on the noun to which it is linked, for example:

Xhonin e ndihmoi Marini, i cili është njohës i mirë i historisë dhe kulturës së vendit të tij.

John was helped by Marin, **who** is well versed in the history and culture of his country.

The pronoun **i cili** agrees with the noun **Marini** in gender *(masculine)*, in number *(singular)* and in case *(Nominative)*.

Xhoni porositi disa libra, **të cilat** (që) kishin të bënin me periudha të ndryshme të historisë së Shqipërisë.

John has ordered some books that dealt with the various periods of Albanian history.

The pronoun **të cilat** agrees with the noun **disa libra** in gender *(feminine)*, in number *(plural)* and in case *(Accusative)*.

Here is the declension of the pronoun **i cili:**

Case	Masculine sing.	plural	Feminine sing.	plural
Nominative	i cili	të cilët	e cila	të cilat
Genitive	i(e)të cilit	i(e) të cilëve	i(e) të cilës	i(e) të cilave
Dative	të cilit	të cilëve	të cilës	të cilave
Accusative	të cilin	të cilët	të cilën	të cilat
Ablative	të cilit	të cilëve	të cilës	të cilave

EXERCISE 1.

*Use the Relative pronoun **i cili**, matching gender, number and case.*

Example:

E mora letrën,... ma dërgoje ti.

I *received the letter that you sent me*

E mora letrën, të cilën ma dërgoje ti.

1. Dje takova një shok,... nuk e kam parë prej kohësh.
2. Sot bisedova me një shoqe, me ... kemi studjuar bashkë.
3 Ky është një libër, ... tregon për historinë e popullit tonë.
4. Kjo është motra ime, për ... të kam folur.

5. Më prezanto me shokët, për ... kemi biseduar.
6. Vajza, me ... bisedova, është një fqinja ime.
7. M'i sill librat, ... m'i pate premtuar.

VOCABULARY:

tërë ditën - all day
ndenjën - stayed
sallë shkencore - science hall
shërbehet - is served
literaturë-a - literature
albanologjik(e) - Albanian
fond-i - fund
i(e) pasur - rich
hedh dritë - to enlighten, to explain
i(e) lashtë - old, ancient
porosis - to order
shërbej - to serve
kam të bëj - to deal
periudhë-a - period
njohës-i - expert, connoisseur
jap ndihmë - to help, to be of
assistance
shpjegim-i - explanation
sqarim-i - clarification
me në krye - headed by
pushtues-i - invader

turq- Turkish
kërkoj - to ask
studim-i - studying, study
histori-a - history
gjuhësi-a - linguistics
shtyp - to oppress
me dhunë - violently, with
violence, with force
i(e) përkrahur - supported
mercenar - mercenary
krajl - kral , prince
serb - Serbian
largohem - to leave out
i(e) kënaqur - contented, satisfied
duke marrë me vete - carrying
with oneself

158

MËSIMI I TRIDHJETETRETË - LESSON 33

I. ZANA FTON XHONIN DHE MARININ NË KONCERT
ZANA INVITES JOHN AND MARIN TO GO TO A CONCERT

A.

Zana: Tungjatjeta, mister Smith! Tungjatjeta, Marin!

Xhoni dhe Marini: Tungjatjeta, Zana!

Zana: Ku keni qenë gjithë këto ditë, që nuk ju kam parë fare!

Marini: Këtu kemi qenë. Po të na kishe kërkuar, do të na gjeje.

Zana: Ju kërkova dje pasdite. Desha t'ju ftoja në koncert. Kisha blerë dhe biletat. Meqë nuk ju gjeta, shkova vetëm. Ishte një koncert me muzikë klasike.

Marini: Kishte muzikë operistike apo simfonike?

Zana: Kishte arie nga operat më të dëgjuara dhe fragmente nga simfoni të ndryshme.

Xhoni: Ju pëlqeu koncerti?

Zana: Shumë. Më pëlqeu sidomos një këngëtare e re, e cila këndoi disa arie. Kënduan disa këngëtarë të rinj, që nuk i kisha dëgjuar më parë. Më pëlqeu shumë edhe orkestra, që drejtohej nga një dirigjent shumë i njohur.

Xhoni: Më vjen keq që kemi humbur një rast të mirë për të dëgjuar muzikë të bukur. Mua më pëlqen shumë muzika klasike.

Zana: Tani që më thatë, do t'ju ftoj përsëri një herë tjetër që të shkojmë në koncert të tre sëbashku.

Xhoni: Falemnderit!

Zana: Tani më duhet të largohem, si zakonisht, se po më presin.
Mirupafshim!

Xhoni dhe Marini: Mirupafshim!

B. TRANSLATION:

Zana: Hello, Mr. Smith! Hello, Marin!

John and Marin: Hello, Zana!

Zana: Where you have been all these days that I have not seen you?

Marin: We have been here. If you had looked for us, you would have found us.

Zana: I looked for you yesterday afternoon. I wanted to invite you to go to the concert. I bought the tickets for you. Since I did not find you, I went alone. It was a concert with classical music.

Marin: Was there symphonic or operatic music?

Zana: There were arias from the most famous operas and fragments from various symphonies.

John: Did you like the concert?

Zana: Very much. I especially liked the new soloist who performed some arias. There were some new artists I had not heard before. I also liked the orchestra conducted by a famous conductor.

John: I am sorry I missed such a good opportunity to hear good music. I am fond of classical music.

Zana: Now that you told me that you are fond of music I will invite you to go together another time to a concert.

John: Thank you!

Zana: And now I must leave you, as always, they are waiting for me. See you again!

John and Marin: *Good bye, Zana!*

C. MEMORIZE THE FOLLOWING EXPRESSIONS:

A ju pëlqen muzika? *Do you like music?*

Doni të shkojmë sonte në koncert? *Would you like to go this evening to a concert?*

Çfarë koncerti ka sot në Teatrin e Operas? *What concert is being performed at the Opera Theater?*

Kush është solist? *Who is the soloist?*

Kush është dirigjent? *Who is the conductor?*

Kush shoqëron me muzikë? *Who is the accompanist?*

Kush merr pjesë në koncert? *Who will participate in the concert?*

Kush këndon në rolet kryesore? *Who's singing in the leading roles?*

Koncerti më pëlqeu shumë. *I enjoyed the concert very much .*

Do të doja të dëgjoja muzikë. *I would like to hear music.*

Unë e kam qejf muzikën simfonike. *I am fond of symphonic music.*

(të dhomës, xhazin, muzikën popullore). *(chamber, jazz, popular music)*

Ku mund t'i blejmë biletat për në koncert? *Where can we get tickets for the concert?*

Kur fillon koncerti? *When does the concert begin?*

Mund të më jepni programin? *May I have a program?*

Sa kushtojnë biletat për koncertin e të enjtes? *How much are the tickets for the concert on Wednesday?*

II. GRAMMAR:

THE INDEFINITE NOUNS IN THE GENITIVE AND DATIVE CASES.

Unlike the definite forms, the indefinite forms of nouns indicate persons or things generally, without distinguishing them from groups of persons or things:

Kush është ai? Ai është *një shok.*
Who is he? He is *a friend.*

160

In the Genitive singular the article **i** is used before the indefinite noun, if it follows a masculine noun in singular, and the article **e**, if it follows a feminine noun in singular or a noun in plural, for example:

libri (m., s.) i një djali	the book *of a boy*
librat (m., pl.) e një djali	the books *of a boy*
ngjyra (f., s.) e një luleje	the color *of a flower*
ngjyrat (f., pl.) e një luleje	the colors *of a flower*

The indefinite nouns have these endings in the Genitive case:

Singular	Plural
Masculine	
i(e) një lexues-**i**	i(e) disa lexues-**ve**
i(e) një shok-**u**	i(e) disa shokë-**ve**
Feminine	
i(e) një vajz-**e**	i(e) disa vajza-**ve**
i(e një lule-**je**	i(e) disa lule-**ve**
i(e) një shtëpi-**e**	i(e) disa shtëpi-**ve**

Like the definite nouns, the indefinite nouns in the Genitive case may be used to show possession, to indicate the performer of an act etc. Here are some examples:

possession:

libri i një shoku	*the book of a friend*
letra e një lexuesi	*the letter of a reader*

Unë mora librin enjë shoku.	*I took the book of a friend.*
Kjo është letra e një lexuesi.	*This is the letter of a reader.*

performer of an act:

leximi i një shkrimtari	*the reading of a writer*
loja e disa artistëve	*the interpretation of some artists*

Dje ne dëgjuam leximin e një shkrimtari. *Yesterday we listened to the reading of a writer.*

Mua më pëlqeu loja e disa artistëve. *I liked the interpretation of some of the artists.*

In the **Dative case** the indefinite nouns have these endings:

Singular		Plural
	Masculine	
një lexues-i		disa lexues-ve
një shok-u		disa shokë-ve
	Feminine	
një vajz-e		disa vajza-ve
një lule-je		disa lule-ve
një shtëpi-e		disa shtëpi-ve

In Albanian, like in English, the noun in the Dative case may be the indirect object of a verb. *For example*:

I thashë një shoku të më çonte në stacion. *I told a friend to take me to the station.*

Shkrimtari iu përgjigj disa lexuesve. *The writer answered some of the readers.*

Note: Nouns in the Genitive and Dative cases (singular or plural) are usually accompanied by such words as **një** (one, a, an), **disa** (some), **ca** (some), **ndonjë** (some, any), **çdo** (each, every, any), **këtij** (this, these), **ati**j (him) etc. *For example:*

Propozimi i disa shoqeve u pranua. *The suggestion of some friends was accepted.*

S' e dëgjova këshillën e disa shokëve. *I have not listened to the advice of some of the friends..*

Letra e një lexuesi ishte interesante.*The letter of a reader was interesting.*

Zërat e disa këngëtarëve më pëlqyen. *I liked the voices of some singers.*

Ky është libri i një shoku. *This is a friend's book.*

Ky është numri i një shtëpie. *This is a house's number*

I thashë një shoku të më priste. *I told a friend to wait for me.*

Ne iu afruam një shtëpie. *We came near a house.*

Mos i besoni një personi që nuk ayimi. *Don't believe a person you don't know.*

Jepjani këtë libër një studenti. *Give this book to a student.*

EXERCISE 1.

Use the nouns in the brackets in the Genitive and Dative of the indefinite form:

Example: Ky është vëllai (një shok).

Ky është vëllai *i një shoku.*

1. Më pëlqeu loja (aktorë).
2. Ky është libri (një nxënës).

3. Kjo është çanta (njënxënëse).
4. Lulet ne ua dhuruam (artistë).
5. I dhashë (shoqe) një biletë për në koncert.
6. Dritaret (shtëpi) janë të hapura.
7. Ky është romani (një shkrimtar) të panjohur.
8. Këto janë fjalët (fëmijë).
9. Kërkoi ndihmë ndonjë (shoku).

VOCABULARY:

gjithë këto ditë - all these days
kërkoj - to search,
gjej - to find
desha t'ju ftoja - I would like to
invite you
koncert-i - concert
biletë-a - ticket
meqë - since
muzikë-a - music
klasik (m.) - classical
klasike (f.) - classical
simfonike - symphonic
ari/e-ja - aria
opera - opera
këndoj - to sing
këngëtar-i (m) - singer
këngëtare-ja (f) - singer
orkest/ër-ra - orchestra
drejtoj - to conduct

dirigjent-i - conductor
më vjen keq - I am sorry
më pëlqen - I like
humb rastin - to miss the occasion
rast-i - occasion
sa mirë - so good, so nice
një herë tjetër - another time

MËSIMI I TRIDHJETEKATËRT - LESSON 34

I. XHONI DHE MARINI SHKOJNË NË DURRËS - *JOHN AND MARIN GO TO DURRES*

A.

Fundjavën Xhoni dhe Marini vendosën ta kalonin në Durrës. Ata kishin punuar shumë gjithë javës dhe tani kishin nevojë për të pushuar. Në stacionin e trenit shkuan me autobus. Biletat i prenë në stacion dhe u nisën me trenin e orës 8.00. Pas një ore ata mbërritën në Durrës.

Në fillim shkuan në hotel. Të shtunave dhe të dielave këtu vijnë shumë njerëz për të kaluar fundjavën dhe shpesh herë është e vështirë për të gjetur vend. Por Marini kishte telefonuar për të rezervuar një dhomë dyshe dhe nuk pati probleme.

Pasi lanë plaçkat në dhomë, ata dolën për të soditur detin. Pastaj Marini u zhvesh dhe u bë gati për t'u larë. Xhoni nuk donte të lahej, meqë para disa ditësh kishte qenë pak i ftohur. Ai u ul në një stol nën hijen e një çadre dhe herë sodiste detin, herë lexonte një libër që kishte marrë me vete. Marini u fut në ujë për t'u larë. Ujët ishte i ngrohtë dhe deti ishte shumë i qetë.

Ata ndenjën për një kohë të gjatë në breg të detit. Pastaj vajtën në hotel. Marini bëri dush, u vesh dhe bashkë me Xhonin shkuan për të ngrënë drekë në restorant.

Pasdite ata bënë një shëtitje të gjatë në breg të detit, ndërsa në mbrëmje u ulën në barin që ndodhet në tarracën e hotelit.

B. TRANSLATION:

John and Marin decided to spend the weekend in Durres. They had worked hard all week and they needed to rest. They went to the railroad station by bus. They got the tickets at the station and left on the eight o'clock train. They reached Durres in an hour.

At first they went to the hotel, because on Saturdays and Sundays many people go there to spend their weekends and sometimes it is very hard to find a room. But Marin had called to reserve a double room and they did not have any problem.

They left their things in the room and went out to look at the sea. Then Marin got undressed and got ready to swim. John did not want to swim because he had caught a cold some days before. He sat on a stool in the shade under the umbrella and at times looked at the sea, at times read a book that he brought with him. Marin got in the water to swim. The water was warm and the sea was very calm.

They stayed a long time at the seashore. Then they went to the hotel. Marin took a bath, dressed and went with John to dine in the restaurant.

In the afternoon, they took a walk along the seashore, and in the evening they stayed in the bar on the hotel's terrace.

Ku është stacioni i autobusit (i trenit?) - *Where is the bus stop (the railroad station)?*

Ku është stacioni më i afërt i autobusit (i trenit)? *Where is the nearest bus stop (railroad station)?*

Si quhet ky stacion? *What's the name of this bus stop?*

Cilin autobus duhet të marr për në qendër të qytetit? *Which bus should I take to the city center?*

Ku mund të blejë një biletë për autobus? *Where can I buy a ticket for the bus?*

Sa kushton një biletë autobusi? *How much is the ticket for the bus?*

Sa kushton bileta e trenit për në Durrës? *How much is a train ticket to Durres?*

Më jepni, ju lutem, dy bileta deri në Durrës. *Two tickets to Durres, please.*

Më tregoni, ju lutem, biletat. *Show me the tickets, please.*

Ja tek e kam biletën. *Here is my ticket.*

Ju e pini duhanin? *Do you smoke?*

Ju shqetëson duhani? *Do you mind my smoking?*

Ku po shkoni? *Where you are going?*

Do të ndaloni në Durrës? *Are you getting off at Durres?*

Edhe sa stacione kemi deri në Durrës? *How many more stops to Durres?*

Do të vazhdoni udhëtimin më tutje? *Do you intend to go farther?*

Udhë të mbarë! *Have a nice trip!*

II. GRAMMAR:

THE INFINITIVE

In Albanian, the infinitive is not similar to the infinitive of other languages (in English -*to go*, in Italian -*andare*, in Russian - *idti* etc.). Albanian uses a verbal form that is similar to the infinitive - *Paskajorja* (translated into English - *Infinitive*). This so-called Infinitive in Albanian is formed by adding the particles **për të** (active voice) or **për t'u** (passive voice) to the Participle, for example:

active v.: **për të + participle** : për të lexuar *(to read)*, për të marrë *(to take)* etc.

negative: **për të mos + participle:** për të mos lexuar *(not to read),* për të mos marrë *(not to take)* etc.

passive v.: **për t'u + participle:** *për t'u larë* (to be washed), *për t'u pastruar* (to be cleaned) etc.

negative: **për të mos u + participle:** për të mos u larë *(not to be washed), për të mos u pastruar (not to cleaned)*. etc.

This so-called Infinitive usually indicates the purpose of the action of another verb, which can be used in different moods and tenses, for example:

Ata kishin nevojë për të pushuar. *They needed to rest.*

Në fillim shkuan në hotel për të rezervuar vendet. *At first they went to the hotel to make a reservation.*

Këtu vijnë shumë njerëz <u>për të kaluar</u> fundjavën. *A lot of people come here to spend the weekend.*

Marini u zhvesh dhe u bë gati <u>për t'u larë</u>. *Marin undressed himself and prepared to swim.*

Në mbrëmje ata u ngjitën në tarracë <u>për t'u ulur</u> në bar. *In the evening they went up to the terrace to stay at the bar.*

EXERCISE 1.

Put the verbs in brackets in the Infinitive:
Example: Ata erdhën (takoj - takuar) shokun.
                  Ata erdhën *për të takuar* shokun.

1. Ata u mmblodhën këtu (bisedoj - biseduar) me njëri tjetrin. They gathered here to talk to each other. 2. Shoku erdhi (takohem - takuar) me mua. My friend came to meet me.

3. Erdhi koha (filloj - filluar) punën. There is time to begin the work.

4. Jemi gati (nisem - u nisur). We are ready to depart.

5. Ai mbylli derën (mos hyj - mos hyrë) njeri. He closed the door so that nobody could go in.

6. Shkova në postë (bisedoj - biseduar) në telefon me vëllanë. I went to the post office to speak with my brother on the phone.

7. Ai ka ardhur këtu (vizitoj - vizituar) Shqipërinë. He has came here to visit Albania.

VOCABULARY:

kaloj (kohën) - to spend the time
kam nevojë - I need
pushoj - to rest
nisem - to depart
mbërrij - to reach, to arrive
zë vend - to get a place
të shtunave - on Saturdays
të dielave - on Sundays
fundjav/ë-a - weekend
është vështirë - it's hard
gjej - to find
rezervoj - to make a reservation
me telefon - by phone
nuk ka problem - there is no problem
pasi lanë - after they left

plaçkë-a - stuff, things
lahem - to swim
jam i ftohur - to get cold,
stol - stool
nën hije - in the shadow
çad/ër - ra - umbrella
herë...herë - sometimes, at times
marr me vete - to carry with oneself
futem në ujë - to get in the water, to enter in the water
bëj dush - to take a bath
ha drekë - to dine
bëj shëtitje - to take a walk
bar-i - bar

View of Osumi river. Berat

MËSIMI I TRIDHJETEPESTË - LESSON 35
I. XHONI DHE MARINI NË DET
JOHN AND MARIN AT THE SEA

A.

Zana: Xhon, më tha Marini se të shtunën dhe të dielën ishit në plazhin e Durrësit për të pushuar. Por nuk pati kohë të m'i tregonte të gjitha. Si e kaluat?

Xhoni: Oh, shumë bukur! Marini bëri çmos për të më argëtuar. Ne dolëm në breg të detit për të shëtitur. Marini u la, kurse unë nuk u lava. Por të dielën nuk durova dot dhe u futa në det për të notuar.

Zana: Sa mirë! Nuk dolët shëtitje me motobarkë?

Xhoni: Posi jo. Për të më dëfryer mua, Marini ma mbushi mendjen të bënim një shëtitje me motobarkë. Ishte një udhëtim i shkurtër, por shumë i këndshëm nëpër gjiun e Durrësit. Diçka vërtet e mrekullueshme! Përpara motobarkës uji ishte i kaltërt dhe në thellësi ishte fare blu, kurse prapa ishin dallgët e bardha që linte motobarka. Një fllad i këndshëm na freskonte trupin dhe fytyrat. Vërtet, një mrekulli!

Zana: Po shkuat herë tjetër, mos harroni të më thoni dhe mua.

Xhoni: Ta kishim ditur se të pëlqejnë shëtitjet në det të hapët do të të kishim thënë. Po të vemi herë tjetër, patjetër kemi për të të njoftuar.

B. TRANSLATION:

Zana: John, Marin said that you spent Saturday and Sunday resting on the beach of Durres. He was busy and didn't have the time to tell me everything. How did you did get there?

John: Oh, yes! Marin has done everything to entertain me. On Saturday we went to the seashore just for a walk. Marin swam but I did not dare. On Sunday I was not able to resist and went in the water to swim.

Zana: Great! Did you ride on the boat?

John: Yes. Marin wanted to entertain me and convinced me to go on a cruise. It was not long, but it was a very beautiful cruise along the bay of Durres. It was really marvelous! The water beside the boat was blueand in the depth of the sea entirely blue, while behind the boat were white waves. A pleasant breeze cooled our faces and bodies. Really, it was miraculous!

Zana: Don't forget to tell me if you plan to go again.

John: If we had known that you like open sea cruises, we would have told you. If we plan to go again, be assured that we will tell you.

C. MEMORIZE THE FOLLOWING EXPRESSIONS

Cili është sporti i juaj i preferuar? *What's your favorite sport?*
A merreni me sport? *Do you play sports?*
Unë luaj tenis. *I play tennis.*
A luani volejboll (shah) ? *Do you play volleyball (chess)?*

Unë jam tifoz i çmendur. *I'm a sports fan.*
Cilat skuadra luajnë sot? *What teams are going to play today?*
Si shkohet në stadium? *How do I get to the stadium?*
Keni bileta për ndeshjen e sotme? *Do you have tickets for today's game?*
Me ç'rezultat përfundoi ndeshja? *What was the final score?*
Kush e zuri vendin e parë? *Who's in first place?*

II. GRAMMAR:

THE INFINITIVE WITH THE ABBREVIATED FORMS OF PERSONAL PRONOUNS.

The Infinitive *(Paskajorja)* is frequently used with the abbreviated forms of the Personal pronouns in the Dative and Accusative cases (indirect and direct object). The abbreviated forms of the Personal pronouns are placed between the particle and the participle. For example:

> Zana erdhi për të *na* dhënë ndihmë. *(Dative)*
> *Zana came to give us a hand.*
> Marini bëri çmos për të *më* argëtuar. *(Accusative)*
> *Marin has done everything to entertain me.*

a. Infinitive with abbreviated forms of Pers. pron. in the <u>Dative case</u>:

Ai erdhi për të më treguar diçka (mua) <u>negative</u>: për të mos më treguar

"	"	për të të	"	" (ty)	për të mos të "
"	"	për t'i	"	" (atij, asaj)	për të mos i "
"	"	për të na	"	" (neve)	për të mos na "
"	"	për t'ju	"	" (juve)	për të mos ju "
"	"	për t'u	"	" (atyre)	për të mos u "

He came to tell me something, to tell you, to tell him, etc.
  Here are some examples:

Ai erdhi për të më thënë diçka mua. *He came to tell me something..*
Ai erdhi për të më dhënë librin.   *He came to give me the book.*

b. Infinitives with the abbreviated forms of Pers. pron. in the Accusative case:

tha **për të më** shqetësuar (mua)   <u>*negative* :</u> tha **për të mos më** shqetësuar

"	**për të të**	" (ty)	"	**për të mos të** "
"	**për ta**	" (atë)	"	**për të mos e** "
"	**për të na**	" (ne)	"	**për të mos na** "
"	**për t'ju**	" (ju)	"	**për të mos ju** "
"	**për t'i**	" (ata)	"	**për të mos i** "

said to trouble me... **negative:** *said so as not to trouble me...*

169

Here are some examples:

Zana erdhi për të më takuar.   *Zana came to meet me.*

Zana s'më tha gjë për të mos më dëshpëruar. *Zana said nothing so as to not distress me.*

EXERCISE 1.

Replace the Personal pronouns with abbreviated forms:

Example: Vrapo shpejt *për të (atë) takuar. Hurry to meet him.*

          Vrapo shpejt *për ta takuar.*

1. Mos u përpiq për të (mua) bindur.   *Don't try to convict me.*
2. Ajo erdhi në fshat për të (ne) takuar. *She came to the village to meet us.*
3. Ai nuk erdhi për të mos (ju) takuar. *He did not come to meet you.*
4. Mos i thuaj gjë për të mos (ai) dëshpëruar. *Don't say anything to discourage him.*
5. Do të vij për të (ty) parë. *I shall come to see you.*
6. Ajo s'erdhi më për të (ato) takuar me shoqet. *She did not come to meet her friends anymore.*

VOCABULARY:

në det të hapët - on the open sea
nuk pati kohë - he didn't have time
si pushuat? - how did you rest?
bëj çmos - do anything
argëtoj - to entertain
dal në breg - to go to the seashore
shëtis - to walk, to go for a walk
lahem - to swim
duroj - to support
nuk durova dot - I did not resist
sa mirë - how good, so nice
dal shëtitje - to go for a walk
motobarkë-a - boat
dëfrej - to entertain, to amuse
udhëtim-i - trip
i (e) shkurtër - short, brief, diçka e mrekullueshme - something marvelous, miraculous
i kaltërt - azure
në thellësi - in depth, deep

fare blu - entirely blue
dallgë-a - wave
që linte pas - that left behind
fllad-i - breeze
i(e) këndshëm - pleasant
freskoj - to freshen
fytyrë-a - face
një mrekulli - a miracle, a marvelous thing
herë tjetër - another time
harroj - to forget
mos harroni - don't forget
njoftoj - to inform, to tell,
dëshpëroj - to despair, to be discouraged

Kissing the Albanian Flag.

MËSIMI I TRIDHJETEGJASHTË - LESSON 36

I. MARINI DHE XHONI NË NJË DASËM
MARIN AND JOHN AT A WEDDING CEREMONY

A.

Xhoni nuk donte të humbiste asnjë rast për të njohur sa më mirë jetën dhe zakonet e shqiptarëve.

Kështu një herë Marinin e kishte ftuar në dasëm një shoku i tij i fëminisë, Agimi. Ai i kishte thënë se mund të merrte me vete edhe gazetarin amerikan, nëse ai do të kishte dëshirë të vinte.

Xhoni kishte pranuar menjëherë të shkonte dhe të dy kishin vajtur në shtëpinë e Agimit, ku po bëhej dasma. Që nga larg ata kishin dëgjuar këngë dhe muzikë. Në hyrje të shtëpisë, sipas zakonit të vjetër të shqiptarëve, ata kishin dalë për t'i pritur të afërmit e Agimit . Pastaj ishin futur në dhomën, ku ishin ulur nusja me dhëndërrin. Marini u ishte afruar atyre dhe i kishte uruar:

- U trashëgofshi dhe jetë të lumtur!

Po kështu kishte bërë dhe Xhoni, të cilit ia kishte mësuar urimet që më përpara Marini.

Agimi i prezantoi Marinin dhe Xhonin me të afërmit e tij. Aty ndo-dheshin prindërit, i ati dhe e ëma, dy hallat, xhaxhai, daja dhe vëllai i madh. Kunata e Agimit dhe motra e tij i kishin gostitur me pije dhe embëlsira. Pastaj kishin ardhur miq të tjerë dhe ata kishin vajtur në dhomën tjetër, ku ishin mbledhur te rinj dhe të reja, të afërm dhe shokë të Agimit dhe të nuses, të cilët po këndonin dhe kërcenin.

Xhonit i kishte pëlqyer kjo dasmë e thjeshtë dhe e gëzuar. Ai kishte mësuar shumë urime dhe përgëzime që bëheshin në të tilla raste midis shqiptarëve.

B. TRANSLATION:

John did not want to miss any opportunity to learn more about the life and customs of Albanians.

So, Marin was invited once to the wedding of Agim, his childhood friend. Agim asked him to bring along the American reporter, if John would like to come.

John accepted without hesitation and they both went to Agim's house, where the wedding was to be held. Far from the house they heard the songs and music. At the entrance of the house they were met by the Agim's relatives, in accordance with the ancient customs of Albanians. Then they entered the room where the bride and bridegroom were sitting. Marin approached them and said:

- May you be happy in marriage and have a long life together!

John did the same. He had learned from Marin the Albanian way of expressing wishes.

Agim introduced his relatives to John and Marin. There were his parents, father and mother, his father's two sisters, his father's brother, his mother's brother and his older brother. Marin's sister and sister-in-law brought them drinks and a piece of cake. Then the other guests arrived and they went to another room, where a lot of young people were singing and dancing.

John liked this simple and happy wedding ceremony. He had learned many wishes and greetings that are used for these occasions among Albanians.

C. MEMORIZE THE FOLLOWING WORDS DENOTING FAMILY RELATIONSHIP:

baba-i (i ati) - father
nën/ë-a (e ëma) - mother
vëlla-i (i vëllai) - brother
djal/ë-i (i biri) - son
vajz/ë-a (e bija) - daughter
nus/e-ja - bride
dhëndërr/i - bridegroom
kushuri-ri - relative
kunat-i - brother-in-law

kunat/ë-a - sister-in-law
xhaxha-i (ungj-i) - uncle,
father's brother
daj/ë-a (ungj-i/i ungji) - uncle,
mother's brother
hall/ë-a (emtë-a/e emta) - aunt,
father's sister
tez/e-ja (emtë-a/e emta) - aunt,
mother's sister

II. GRAMMAR:

THE PAST PERFECT TENSE OF INDICATIVE

The Past Perfect tense or Pluperfect denotes the completion of an action before the beginning of another. In the above text there are many sentences in which the verbs are used in the form of the Past Perfect. For example:

Një shok i fëminisë e kishte ftuar Marinin në dasëm.
A childhood friend had invited Marin to the wedding.
Ai kishte mësuar shumë urime dhe përgëzime që bëhen në të tilla raste...
He had learned many wishes and greetings that are used for these ocassions...

The Past Perfect is formed by adding the Past tense of the auxiliary verb **kam** (active v.) or **jam** (passive v.) to the participle of the main verb.
The Past Perfect or Pluperfect has these forms:

Active

shkruaj *(to write)*

unë	kisha shkruajtur	*I had written*
ti	kishe shkruajtur	*You had written*
ai (ajo)	kishte shkruajtur	*He/She had written*
ne	kishim shkruajtur	*We had written*
ju	kishit shkruajtur	*You had written*
ata (ato)	kishin shkruajtur	*They hade written*

Negative: nuk kisha shkruajtur...   *I had not written*

173

Passive:

shkruhem *(to be written)*

unë	isha shkruajtur	*I had been written*
ti	ishe shkruajtur	*You had been written*
ai (ajo)	ishte shkruajtur	*He/she had been written*
	ne ishim shkruajtur	*We had been written*
ju	ishit shkruajtur	*You had been written*
ata (ato)	ishin shkruajtur	*They had been written*

Negative: nuk isha shkruajtur...   *I had been not written...*

EXERCISE 1.
Change the verbs in the parenthesis to the Past Perfect.
Example:

Xhonit (pëlqej, pëlqyer) dasma.
John had liked the wedding.
Xhonit *i kishte pëlqyer* dasma.

1. Një mik i fëminisë e (ftoj, ftuar) Marinin në dasëm. *A childhood friend had invited Marin to the wedding.*
2. Ai i (them, thënë) Marinit të merrte dhe gazetarin amerikan po të donte të vijë.
He had told Marin to bring the American reporter if he would like to come.
3. Agimi i (prezantoj, prezantuar) miqtë me të afërmit e tij. *Agim had introduced his relatives to his friends.*
4. Ata (futem, futur) në dhomën tjetër, ku po këndonin dhe kërcenin. *They had entered the other room, where others were singing and dancing.*
5. Motra e Agimit i (gostis, gostitur) ata me pije dhe embëlsira. *Agim's sister had brought them drinks and cakes.*
6. Xhoni e (pres, pritur) një kohë të gjatë Marinin tek sheshi. *John had waited a long time for Marin in the square.*

The Past Perfect of the **Subjunctive** is formed by adding the participle of the verb in question to the Imperfect Subjunctive of the verb **kam** *(të kisha, të kishe...)* or **jam** *(të isha, të ishe...)*, for example:

active

dëgjoj *(to hear)*

unë	të kisha dëgjuar	I should have heard
ti	të kishe dëgjuarr	You would have heard
ai(ajo)	të kishte dëgjuar	He/She would have heard
ne	të kishim dëgjuar	We should have heard
ju	të kishit dëgjuar	You would have heard
ata(ato)	të kishin dëgjuar	They would have heard
Negative:	mos të kisha dëgjuar...	I would not have not heard

passive

dëgjohem *(to be heard)*

unë	të isha dëgjuar	I should have been heard
ti	të ishe dëgjuar	You would have been heard
ai(ajo)	të ishte dëgjuar	He/She would have been heard
ne	të ishim dëgjuar	We should have been heard
ju	të ishit dëgjuar	You would have been heard
ata (ato)	të ishin dëgjuar	They would have been heard

Negative: mos të isha dëgjuar...   I should not have been heard

The Past Perfect of Subjunctive is used primarily in dependent clauses with the conjunctions **që** *(that)*, **po qe se** *(if)* etc., for example:

Mund ta kisha ftuar edhe Marinin po ta kisha parë.
I would have invited Marin too, if I had seen him.
Mund të ta kisha thënë menjëherë në qoftë se do ta dija,
I would have told you sooner, if I had known.

VOCABULARY:

humbas rastin - to miss the chance
njoh (njihem) - to know, to be known
sa më mirë - as best as I can
zakon-i - costume
ftoj - to invite
dasmë-a - wedding, wedding ceremony
shok i fëminisë - childhood friend
kam dëshirë - I would like
pranoj - to accept
me gjithë qejf - with pleasure
pres - to wait, to expect, to receive
u trashëgofshi - may you be followed (by children)
jetë të lumtur - may you be happy!
gostis - to treat someone

embëlsirë-a - cake
kërcej - to dance
vallëzoj - to dance
urime - congratulations, wishes
uroj - to wish, to congratulate

View of the Adriatic coast, Vlora.

MËSIMI I TRIDHJETESHTATË - LESSON 37

I. SI MË PËLQEN TA KALOJ KOHËN E LIRË
HOW I LIKE TO SPEND MY SPARE TIME

A.

Xhoni: Zana, çfarë të pëlqen të bësh në kohën e lirë?

Zana: Dëfrimi im më i preferuar është muzika. Më pëlqen muzika klasike, në mënyrë të veçantë ajo simfonike. Po ju, Xhon, çfarë ju pëlqen më shumë?

Xhoni: Leximi i librave. Të kisha mundësi do të lexoja gjithë ditën. Asgjë nuk më dëfren sa leximi. Po ty, Marin, çfarë të zbavit më shumë?

Marini: Natyrisht, më pëlqejnë shumë edhe librat, edhe muzika. Por asgjë nuk më zbavit e shlodh më shumë se gjuetia e peshkut. Mund të rri orë të tëra në breg të lumit apo të detit me kallam në dorë. Më pëlqen të mendoj kur jam duke peshkuar.

Zana: Shkon shpesh për peshkim?

Marini: Shumë shpesh nuk mund të shkoj, por sa herë që më paraqitet rasti shkoj me shokët e mi ose në lumin këtu afër, ose në breg të detit. Ushqimin e marrim me vete. Kur zëmë ndonjë peshk të mirë, ne e skuqim. E kalojmë shumë bukur. Shokët e mi janë gazmorë. Me ta e kaloj kohën shumë mirë.

Zana: Na merr edhe ne. Si thoni, Xhon?

Xhoni: Ide e bukur. Edhe ne mund të shkojmë ndonjë herë.

Marini: Mirë, herë tjetër do t'ju njoftoj!

B. TRANSLATION:

John: Zana, what do you like to do in your spare time?

Zana: My favorite hobby is listening to music. I prefer classical music, especially symphonic music. And you, John, what do you like to do?

John: Reading. If I could, I would read all day. Nothing is more enjoyable to me than reading books. And you, Marin, what is the thing that you most enjoy?

Marin: Naturally, I like reading and music. But nothing else relaxes me more than fishing. I can stay for hours at the riverside or seaside with a fishing rod in my hand. I like to think when I am fishing.

Zana: Do you go fishing often?

Marin: I can't go very often, but every time I have a chance I go with my friends to a river that is not so far away or to the seashore. We bring food with us. When we catch some fish, we roast them. We spend the time very pleasantly. My friends are cheerful. I have a great time with them.

Zana: Invite us with you. What do you think, John?

John: A good idea. We can go with them, too, sometimes.

Marin: Good. The next time I will let you know.

II. GRAMMAR:

DECLENSION OF THE NOUN WITH POSSESSIVE PRONOUNS:

177

Possessive pronouns are used to modify the nouns. They are used like adjectives, for example:

Dëfrimi <u>im</u> më i preferuar është muzika.
My favorite hobby is listening to music.
Shokët <u>e mi</u> janë gazmorë.
My friends are cheerful.

Let's remember that they agree with the noun in gender, in number and in case. Below you will find the models of declension of the nouns with possessive pronouns.

1st person, singular

Singular	Plural
Masculine: libri im - librat e mi	
(my book - my books)	
Nom. ibri im	librat e mi
Gen. i(e) librit tim	i(e) librave të mi
Dat. librit tim	librave të mi
Acc. librin tim	librat e mi
Abl. librit tim	librave të mi

1st person, plural

Singular	Plural
Masculine : libri ynë - librat tanë	
(our book-our books)	
libri ynë	librat tanë
(e) librit tonë	i(e) librave tanë
librit tonë	librave tanë
librin tonë	librat tanë
librit tonë	librave tanë

Feminine: motra ime - motrat e mia	
(my sister-my sisters)	
Nom. motra ime	motrat e mia
Gen. i(e) motrës sime	i(e) motrave të mia
Dat. motrës sime	motrave të mia
Acc. motrën time	motrat e mia
Abl. motrës sime	motrave të mia

Feminine: motra jonë - motrat tona	
(our sister - our sisters)	
motra jonë	motrat tona
i(e) motrës sonë	i(e) motrave tona
motrës sonë	motrave tona
motrën tonë	motrat tona
motrës sonë	motrave tona

EXERCISE 1.

Translate these sentences into English:
1. Shokët e mi janë punëtorë të mirë.
2. Unë i dhashë motrës sime një libër të ri
3. Në shtëpinë tonë ka shumë dhoma.
4. Do t'i them shokut tim që të të telefonojë.
5. I keni parë shokët e mi?
6. E gjeta librin e humbur.

VOCABULARY:

dëfrim-i - amusement, entertainment
dëfrej - to amuse, to entertain
dëfrehem - to amuse, to entertain one's self
zbavitje - amusement, entertainment
zbavis - to amuse, to entertain
zbavitem - to amuse, to entertain one's self
i(e) preferuar - preferred
shlodhem - to rest, to relax
më tepër - more
në mënyrë të veçantë - especially
të kisha mundësi - If I could
asgjë - nothing
qetësoj - to calm
qetësohem - to relax
peshkim - fishing

kap - to catch
kallam peshkimi - fishing rod
orë të tëra - for hours
kur paraqitet rasti - when the occasion comes, when there is a chance
ushqim-i - food
e marr me vete - to carry (to bring) with one self
zë peshq - to catch fish
skuq - to roast
gazmor - joyful, cheerful,
e ndjej veten - to feel oneself
herën tjetër - the next time
ftoj - to invite

A view of Berat.

179

MËSIMI I TRIDHJETETETË - LESSON 38

I. O MALET E SHQIPËRISË!
YOU, MOUNTAINS OF ALBANIA!

A

Xhoni: Marin, cila nga vjershat e Naim Frashërit të pëlqen më shumë?

Marini: Jo vetëm mua, por të gjithë shqiptarëve u pëlqen më shumë se çdo poezi tjetër fillimi i poemës "Bagëti e bujqësi". Nuk ka shqiptar që nuk e di atë përmendësh:

> *O malet e Shqipërisë! e ju o lisat e gjatë!*
> *Fushat e gjera me lule, që u kam ndër mënt dit' e natë.*
> *Ju bregore bukuroshe e ju lumënjt' e kulluar,*
> *Çuka, kodra, brinja, gërxhe dhe pyje të gjelbëruar...*
> *Ti Shqipëri më ep nder, më ep emrin shqipëtar,*
> *Zëmërën ti ma gatove plot me dëshirë dhe me zjarr.*
> *Shqipëri, o mëma ima, ndonëse jam i mërguar,*
> *Dashurinë tënde kurrë zemëra s'e ka harruar.*

Xhoni: Edhe unë do të përpiqem ta mësoj përmendësh këtë poezi.

B. TRANSLATION:

John: Marin, which of Naim Frashëri's poems do you like most?

Marin: Not only myself, but all Albanians like the beginning of the poem "Cattle and Agriculture" more than any other poem. There isn't one Albanian who doesn't know these lines by heart:

> *You, mountains of Albania, you mighty oak tree,*
> *You large fields, plenty of flowers, that in mind I bear.*
> *Rivers with crystal water and you soft hillocks,*
> *Verdant forests, summits, hillsides and slopes...*
> *Albania, you give me the honor Albanian to be,*
> *With desire and warmth having molded me!*
> *Albania, my motherland, although in exile*
> *My love for you is everlasting in time. (Translated by Ç. Kurti)*

John: I will try to memorize it.

II. GRAMMAR:

DECLENSION OF NOUNS WITH THE ADJECTIVES

The adjectives are used mostly with the nouns. They agree with nouns in gender, in number and in case. They follow the noun and are preceded usualy by the article. For example:

O malet e Shqipërisë! e ju o <u>lisat e gjatë</u>!
<u>Fushat e gjera</u> me lule, që u kam ndër mënt dit' e natë.
You, mountains of Albania, you big-big oak trees,
Large fields with flowers that day and night in mind I bear.
Ju <u>bregore bukuroshe</u> e ju <u>lumënjt' e kulluar,</u>
Çuka, kodra, brinja, gërxhe dhe <u>pyje të gjelbëruar</u>...
Rivers with transparent water and you nice hillocks,
Verdant forests, summits, hillsides and slopes...

Below are the models of the declension of nouns with adjectives preceded by the articles:

A. The indefinite nouns

Singular		Plural
Masculine		
Nom.	(një) libër i mirë	(disa) libra të mirë
	a good book	*(some) good books*
Gen.i	(e) (një) libri të mirë	i(e) (disa) librave të mirë
Dat.	(një) libri të mirë	(disa) librave të mirë
Acc.	(një) libër i mirë	(disa) libra të mirë
Abl.	(një) libri të mirë	(disa) librave të mirë

Feminine:		
Nom.	(një) vajzë e mirë	(disa) vajza të mira
	a good girl	(some) good girls
Gen.	i(e) (një) vajze të mirë	i(e) (disa) vajzave të mira
Dat.	(një) vajzë të mirë	(disa) vajzave të mira
Acc.	(një) vajzë të mirë	(disa) vajza të mira
Abl.	(një) vajze të mirë	(disa) vajzave të mira

B. Definite nouns

Singular	Plural
Masculine:	
Nom.	librat e mirë
libri i mirë	
the good book	*the good books*
Gen. i(e) librit të mirë	i(e) librave të mirë
Dat. librit të mirë	librave të mirë
Acc. librin e mirë	librat e mirë
Abl. librit të mirë	librave të mirë

Feminine:
Nom.   vajza e mirë   vajzat e mira
             the good girl   the good girls

Gen.	i(e) vajzës së mirë	i(e) vajzave të mira
Dat.	vajzës së mirë	vajzave të mira
Acc.	vajzën e mirë	vajzat e mira
Abl.	vajzës së mirë	vajzave të mira

EXERCISE 1.

Put the words in brackets in the appropriate case:
Example: Xhoni dhe Marini janë (shokë të mirë).
John and Marin are good friends Xhoni dhe Marini *janë shokë të mirë.*

1. Zana është (vajzë e mrekullueshme). *Zana is a nice young woman.*
2. Motrat e Marinit janë (vajzë e sjellshme). *Marin's sisters are well-mannered young women.*
3. Zana është (vajzë e re) me (fytyrë të qeshur). *Zana is a young woman with a smiling face.*
4. Në Shqipëri ka shumë (vende të bukura). *In Albania there are many beautiful places.*
5. Në shtëpinë e Marinit pamë mjaft (libra të rinj). *We have seen many new books in Marin's apartment.*

VOCABULARY:

vjershë-a - poetry
krijimtari-a - creation
letërsi-a - literature
fillim-i - beginning
poemë-a - poem
bagëti-a - stock-breeding
bujqësi-a - agriculture
di përmendësh - to know by heart
mal-i - mountain
lis-i - oak
i(e) gjatë - long, big, huge
fushë-a - field
i(e) gjerë - large
kam ndër mënt - to bear in mind
ditë e natë - day and night
bregore-ja - hillock, small hill
bukurosh-i(e) - beautiful, beauty
i(e) kulluar - transparent

çukë-a - hillocks
kodër-a - hill
brinjë-a - slopes
gërxh-i - hillside
pyll-i - forest
i(e) gjelbëruar - green
këndoj - to sing
ushqej - to breed
më ep (jep) nder - to honor
gatuaj - to treat, to prepare
dëshirë-a - desire
zjarr-i - fire
ndonëse - although
i(e) mërguar - in exile
dashuri-a - love
zemër-a - heart
harroj - to forget
mësoj përmendësh - to learn by heart

MËSIMI I TRIDHJETENËNTË - LESSON 39

In these last two lessons, excerpts from Albanian literature will be used to test your comprehension of the Albanian language and your ability to translate the text using a dictionary.

I. Çfarë ka qenë Shqipëria? What Has Albania Been?

A. *The following excerpts are from* **"Albania: What it Was, What it Is, and What It Will Be?"** *written by Sami Frasheri, one of the most prominent representatives of the Albanian Renaissance.*

Shqipëri i thonë gjithë atij vendi, ku rrojnë shqiptarët. Shqiptarët janë më i vjetri i kombeve të Evropës. Duket që këta erdhën më parë se të gjithë prej mesit të Azisë në Evropë; dhe këta prunë në këtë vend ditjen e të bërit shtëpi me mur si edhe diturinë e të lëruarit, të mbjellit e të korrurit; se ata njerëz, që gjendeshin para tyre në Evropë, ishin të egjër e rronin nëpër pyje e nëpër shpella, duke u ushqyer me pemë të egëra e me mish gjahu.

Prandaj prindërit tanë të vjetër u quajtën *Arbën*, fjalë të cilën ne, toskët, sipas zakonit tonë që bëjmë *n* në *r*, e kthyem në *Arbër*, sikundër e përdorim edhe sot. Domethënë ky komb kaq i vjetër quhesh që atëherë *Arbën* ose *Arban*, domethënë ata që punojnë arën, që korrin e mbjellin. Këtë fjalë romakët e kanë kthyer në *Alban* duke e quajtur edhe vendin e tyre *Albania*, sikundër i thonë edhe sot evropianët. Grekët e pastajmë na thanë *Arvanit*, duke kthyer prapë *l*-në në *r*, dhe nga kjo fjalë e grekërve turqit kanë bërë fjalën *Arnaut*, sikundër na quajnë edhe sot... edhe kombi i tërë ka marrë emrin *shqiptar* e vendi ynë *Shqipëri*, fjalë të bëra prej shqipes, zogut të bekuar të Hyjit, që i faleshin prindërit tanë të vjetër dhe fytyrën e të cilit e kishim në flamur. Por kjo fjalë duket të mos jetë shumë e vjetër e të mos ketë qenë që në kryet e përgjithshme, se vëllezërit tanë, që rrojnë jashtë Shqipërisë, në Itali, në Greqi e gjetkë, nuk e dinë, por quhen Arbër...

(Pershtatur në gjuhën e sotme shqipe).

B. Translation:

Albania is the place where Albanians live. Albanians are among the oldest peoples of Europe. It seems that they were the first to move from Asia and settle in Europe, bringing with them the knowledge of building houses as well as skill in plowing the soil, planting and harvesting. The peoples that existed before them in Europe were more primitive and lived in the woods and in caves, eating wild fruits and meat from the hunt.

So our ancestors were called Arben, a word that we, the Tosks, by changing the n into an r, coined Arber, used as such to this date. The ancient nation called itself Arber or Arban, which meant people who worked the fields. The word was later changed to Alban *by the Romans, who called the land Albania, as is it called today by Europeans. The Greeks called us* Arvanit, *by changing the letter l into an r and from this Greek word the Turks created* Arnaut, *which they still use today. The word* Shqiptar *and* Shqipëri *are Albanian words that come from the blessed bird our ancestors prayed to and whose image is used in their flag. The word must not be too old since our brethren in the diaspora, Italy, Greece and other places, do not know it and still call themselves* Arbër. *(Translated by I. **Hajrizi**)*

II. GRAMMAR:

THE GERUND

The Albanian Gerund is not declinable and denotes an action that accompanies the action of the main verb. For example:

> Ai na u afrua <u>duke buzëqeshur.</u>
> He approached us smiling.
> Ata jetonin nëpër pyje, <u>duke ngrënë</u> fruta të egra
> *They lived in the woods, eating wild fruits.*

The Gerund in Albanian can be in the active or non-active voice, for example:
<u>active voice.</u> - vesh - duke veshur *(to dress - dressing)*
<u>non-act. voice.</u> - vishem - duke u veshur *(to get dressed - being dressed)*

The Gerund is formed by adding the particle *duke* to the participle:
<u>Active voice</u>

fshij (fshirë)	*duke fshirë (sweeping, wiping)*
laj (larë)	*duke larë (washing)*
quaj (quajtur)	*duke quajtur (calling)*
kthej (kthyer)	*duke kthyer (turning)*

<u>Non-active voice</u>

fshihem(fshirë)	duke **u** fshirë *(being wiped)*
lahem (larë)	duke **u** larë *(being washed)*
quhem (quajtur)	duke **u** quajtur *(being called)*
kthehem (kthyer)	duke **u** kthyer *(being turned)*

EXERCISE 1.
Try to form the Gerund of these verbs in active and non-active voices:

mësoj (mësuar)	*(learning)*
punoj (punuar)	*(working)*
këndoj (kënduar)	*(singing)*
lëvdoj (lëvduar)	*(praising)*

lëvdohem (lëvduar)   *(being praised)*
takoj (takuar)   *(meeting)*
qëlloj (qëlluar)   *(shooting)*
afroj (afruar)   *(approaching)*
afrohem (afruar)   *(being approached)*

VOCABULARY:

vijoj - to follow
sjell - to bring
që vijon - following
copë-a - excerpt
në mënyrë që - in order that
provoj - to try
aftësi-a - ability
me ndihmën - with the help
rilindas-i - representative of the
Albanian renaissance
i(e) shquar - prominent
i thonë - is called
i(e) vjetër - old
komb-i - nation
duket - seemed
erdhën - came
më parë - before
mesi - middle, midst
prunë - they brought
dije - knowledge
bëj shtëpi - to build houses
mur-i - wall
dituri-a - knowledge, skill
të lëruarit - the plowing
të mbjellit - planting, sowing

të korrurit - harvesting, the
harvest
i(e) egër (pl. të egjër) - wild
shpellë-a - cave
ushqehem - to eat
pemë të egëra - wild fruits
mish-i - meat
gjah-u - hunting
prindërit e vjetër - old parents
toskë-a - Tosk
gegë-a - Geg
kthej - to change
sikundër - as it is
grek-u - Greek
i pastajmë - subsequent
bëj - to make
i bekuar - blessed
hy-u - god
fytyrë - face, image
falem - to pray
flamur-i - flag
në krye - in the beginning,
i përgjithshëm - general
vëllezërit tanë - our brethren
jashtë - outside (the country)

185

1. KTHIMI I GJERGJ KASTRIOTIT NË KRUJË
THE RETURN OF GERGJ KASTRIOTI IN KRUJE
(Taken from *History of Skenderbeg* by Fan S. Noli)

A.

Në mur, përsipër vatrës, varej një shpatë e kohëve të vjetra, që s'e ngre dot njeriu i sotëm as me dy duar. Qe shpata e Kastriotëve, e mbajtur brez pas brezi prej trimave që nxori ajo derë e shkëlqyer.

Turqit osmanë e shkelën dhe e plaçkitën kështjellën, por shpatën s'e nganë, se asnjë s'qe i zoti ta përdorte.

Vojsava e varfër ngre kryet shpesh dhe e shikon atë shpatë dhe sytë i mbushen me lot. Qan nëna për një bir, qan dhe shpata për një burrë!...

Ç'u bë ai djalë, ku është ai trim? Gjer kur do të valojë mbi fortesën e Krujës ai flamur i urryer i tiranit të huaj? Gjer kur do ta presë nëna të birin, Kruja të zotin, Shqipëria të atin, bota trimin që s'ka shok.

Por përnjëherësh hapet dera dhe hyn brenda një luftëtar i hijshëm, fisnik e madhështor, hundëshkabë, sypetrit, me mjekër të gjatë të dre-dhur, i veshur me çelik, i armatosur gjer në dhembë...

Vojsava kthehet, e shikon, përpiqet të ngrihet, por qëndron si e ngrirë nga kjo pamje e papritur. Fërkon sytë, se mos sheh ëndërr. Luftëtari është gjallë i shoqi, Gjon Kastrioti, por më i ri, më i bukur, më i lartë.

"Në mos je hije a fantazmë, që vjen të gënjesh një plakë të varfër, një qyqe të neveritur, ti je im bir, ti je Gjergji im... Fol! Fol! Mos më mundo...".

Por luftëtari nuk flet dot. Ai, të cilit s'i vrenjteshin sytë kur i binin shigjetat dhe gjylet si breshër mbi supet, as nga qindra të vrarë e të plagosur rrotull, qan tani si çilimi, bie më gjunjë, i puth dorën princeshës së nderuar, por lotët e mbytin e s'thotë dot: "Unë jam". Po nëna e mori vesh. E njohu nga syri, e njohu nga fytyra, e njohu nga sjellja. Pastaj e njohu më mirë Shqipëria dhe bota nga ato që bëri. Ai qe i tërë dhe i gjallë, Gjergj Kastrioti...

B. Translation:

An old sword, that today's man could not lift with both hands, hung above the fireplace. It was the sword of the Castriot family, used for generations by the brave men raised by that wonderful family.

The Ottoman Turks occupied and looted the castle but did not move the sword, since none of them were able to use it.

Poor Vojsava often lifts her head and looks at the sword and gets teary-eyed. The mother cries for her son, the sword cries for a man!

Where is that boy, what happened to that brave man? How long will the odious flag of the foreign tyrant flutter over the castle of Kruje?

How long will this mother have to wait for her son, the Kruje for her lord, Albania for her father, the world for the indispensable brave man?

All of a sudden, the door opens and a handsome warrior enters, noble, magnificient, hook-nosed, eagle-eyed, with a long curly beard, dressed to the teeth in a suit of armor.

Vojsava turns and looks at him, tries to stand up, but instead remains as if frozen from this unexpected sight. She wipes her eyes, thinking it is a dream. The warrior is alive and strangely resembles her husband, Gjon Castrioti, but younger, better looking and taller.

"You are not a shadow or a phantom that comes to fool an old lady? You are my son, you are my Gjergj... Speak, speak please don't torture me..."

But the warrior cannot speak. He, whose eyes did not blink from the arrows and the cannon balls that fell like hailstones on his shoulders, or from the sight of hundreds of dead and wounded bodies, now cries like a child, kneeling as he kisses the hand of the princess, but cannot speak through his tears: "It is me." And the mother understands. She recognizes him by his eyes, by his face, she recognizes him by his manners. Albania and the world recognizes him more for his deeds. He was there entirely and alive, Gjergj Kastrioti himself...

(Translated by **I. Hajrizi**).

VOCABULARY:

përsipër - above
vatër-a - fireplace
varem - to hang
shpatë - sword
kohët e vjetra - old, antique
ngre - to lift
njeri i sotëm - today's men
as - nor, neither
me dy dyar - with both hands
qe - was
i mbajtur - used
brez pas brezi - for generations
trim - brave man
derë - family
i shkëlqyer - splendid, wonderful
shkel - to occupy
plaçkit - to loot, to pillage
kështjellë-a - castle

ngas - to touch
se (sepse) - because
asnjë - nobody
i zoti - to be able
përdor - to use
i(e) varfër - poor
ngre kryet - to lift the head
sytë i mbushen me lotë - to get teary-eyed
qaj - to cry
burrë-i - man, brave man
gjer kur - how long
zot - lord
valon - to flutter
flamur-i - flag
i(e) urryer - odious, hateful
i huaj - foreign
tiran-i - tyrant
pres - to wait
i zoti - able, talented

që s'ka shok - indispensable
por - but
përnjëherësh - all of a sudden
i(e) hijshëm - handsome
fisnik - honorable, gentleman
madhështor - grand, magnificent
hundëshkabë-a - hook-nosed
sypetrit - hawk-eyed
syshqiponjë - eagle-eyed
mjekërr - beard
i dredhur - curled, curly
i veshur me çelik - in a suit of armor
i armatosur gjer në dhëmbë - dressed
to the teeth
kthehem - to turn back, to return
përpiqem - to try
qëndroj - to stay up
i ngrirë - frozen
pamje - sight, view
i papritur - sudden, unexpected
fërkoj sytë - to wipe the eyes
sheh ëndërr - to dream
luftëtar-i - warrior
është gjallë i shoqi - strongly
resembles her husband
në mos je - if you are not
hije-a - shadow
fantazëm-a - phantom, ghost
gënjej - to fool
plakë-a - old lady

qyqe-ja - cuckoo (here:
lonesome lady)
i neveritur - repugnant (here:
abandoned)
mos më mundo - don't torture
me
nuk flet dot - cannot speak
vrenjt sytë - to blink
shigjetë-a - arrow
gjyle - cannon ball
si breshër - like hailstones
sup-i - shoulder
qindra - hundreds
i vrarë - killed, dead
i plagosur - wounded
si çilimi - like a child
bie në gjunjë - kneel down
puth dorën - to kiss the hand
princeshë - princess
i(e) nderuar - honorable
mbytem nga lotët - to break
into tears
marr vesh - to understand
fytyrë - face
sjellje - manners
nga ato që bëri - from his
deeds
qe i tërë dhe i gjallë - he was
there entirely and alive

KEYS TO THE EXERCISES

Lesson 2.

Exercise 1.
Ai është shqiptar. Ajo është italiane. Ju jeni amerikan. Ata janë angleze. Unë jam gjerman. Ne jemi shqiptarë.

Exercise 2.
Çfarë është ajo? Çfarë janë ata? Çfarë jemi ne? Çfarë jeni ju? Çfarë jam unë? Çfarë je ti? Kush je ti? Kush është ajo? Kush jeni ju?

Exercise 3.
amerikan - amerikanë - amerikane
shqiptar - shqiptarë - shqiptare
rus - rusë - ruse
italian - italianë - italiane
francez - francezë - franceze
gjerman - gjermanë - gjermane
ukrainas - ukrainas - ukrainas
hungarez - hungarezë - hungareze
kanadez - kanadezë - kanadeze
europian - europianë - europiane

Exercise 4.
Çfarë është ajo? Çfarë jeni ju? Çfarë janë ata? Kush je ti? Çfarë është ai?

Lesson 3.

Exercise 1.

një mësim	një shqiptar	një shqiptare
një turist	një amerikan	një amerikane
një fjalë	një italian	një italiane
një dhomë	një anglez	një angleze

Exercise 2.

disa shqiptarë	disa shqiptare
disa turistë-	disa turiste -
disa gazetarë	disa gazetare -
disa anglezë	disa angleze -
disa përkthyes	disa përkthyese
disa italianë	disa italiane
disa mësime	-disa fjalë

Exercise 3.
One, six, ten, fifteen, twenty, twenty-one, thirty, seven, thirteen, fourteen, five hundred, three hundred, five, fifty, one thousand.

Exercise 4.
Dy, pesë, shtatë, dhjetë, njëqind, pesëdhjetë, tridhjetë, treqind, njëmijë, një qind e një, tetë, tetëmbëdhjetë, gjashtë, gjashtëdhjetë

Lesson 4.

Exercise 1.

hotel	një hotel	hoteli
student	një student	studenti

anglez	një anglez	anglezi
gjerman	një gjerman	gjermani
francez	një francez	francezi
italian	një italian	italiani
ushtrim	një ushtrim	ushtrimi
njerí	një njerí	njeríu
dhé	një dhé	dhéu

Exercise 2.

- *Let's go to the theater today.*
- *At what time?*
- *At seven in the evening.*
- *Now it's five o'clock p.m. Isn't too late for the tickets?*
- *No. We are just in time.*
- *Let's go then.*

Lesson 5.

Exercise 2.

Unë nuk kam shok. Ajo ka një fjalor. Ai ka makinë (automobil). Ne kemi një gazetë. Ju nuk keni laps

Exercise 3.

franceze	një franceze	francezja
angleze	një angleze	anglezja
mesditë	një mesditë	mesdita
mesnatë	një mesnatë	mesnata
pamje	një pamje	pamja
gazetare	një gazetare	gazetarja
përkthyese	një përkthyese	përkthyesja
mësuese	një mësuese	mësuesja
këngë	një këngë	kënga

Exercise 4.

This room here.	That girl there.
These friends here.	Those girlfriends there.
These tourists here.	Those tourists there.
This translator here.	That journalist there.

Exercise 5.

1. Who is this young man here?
2. This is Marin Drini. He is an Albanian. He is a journalist.
3. And who is that gentleman there ?
4. He is mister J. Smith. He is an American. He also is a journalist.
5. And that young lady there, who is she?
6. That young lady there is Anna Graham. She is an American. She is a tourist.

Lesson 6.

Exercise 1.

një anglez	disa anglezë	anglezi	anglezët
një krah	disa krahë	krahu	krahët
një gjerman	disa gjermanë	gjermani	gjermanët
një turist	disa turistë	turisti	turistët
një gazetar	disa gazetarë	gazetari	gazetarët
një dritare	disa dritare	dritarja	dritaret

190

një dhomë	disa dhoma	dhoma	dhomat
një angleze	disa angleze	anglezja	anglezet
një turiste	disa turiste	turistja	turistet
një lule	disa lule	lulja	lulet

Exercise 2.
The city is big. The park is green. The winter is cold. The summer is hot. The spring is nice.

Exercise 3.

disa qytete të reja	qytetet e reja
disa libra të bukur	librat e bukur
disa pritje të ngrohta	pritjet e ngrohta
disa turistë të huaj	turistët e huaj
disa dimra të ftohtë	dimrat e ftohtë
disa letra të shkurtëra	letrat e shkurtëra
disa mbrëmje të freskëta	mbrëmjet e freskëta
disa vajza të bukura	vajzat e bukura
disa netë të nxehta	netët e nxehta
disa dhoma të mëdha	dhomat e mëdha
disa godina të larta	godinat e larta

Lesson 7.

Exercise 2.

- Sot është e hënë.	- Sot është 20 tetor.
- Dje ishte e diel.	- Dje ishte 19 tetor.
- Nesër është e martë.	- Nesër është 21 tetor

Lesson 8.

Exercise 1.
7. Çfarë po bëni, Ana?
8. Unë po ndihmoj Marinin për të mësuar anglisht.
9. Ku po shkon tani, Zana?
10. Tani po shkoj në dhomën time.

Exercise 2.

unë	punoj	jetoj	lexoj
ti	punon	jeton	lexon
ai	punon	jeton	lexon
ajo	punon	jeton	lexon
ne	punojmë	jetojmë	lexojmë
ju	punoni	jetoni	lexoni
ata	punojnë	jetojnë	lexojnë
ato	punojnë	jetojnë	lexonë

Exercise 3.

11. A. Unë lexoj një libër , ti lexon një libër , ai lexon një libër etc.

12. B. Unë kuptoj mirë shqip , ti kupton mirë shqip, ai kupton mirë shqip etc.

Exercise 4.

- Çfarë bën ti?   - Çfarë bëni ju?
- Çfarë bën ai?   - Çfarë bëjnë ata?
- Çfarë bëjmë ne?   - Çfarë bëjnë ato?

Lesson 9.

Exercise 1.

a. lapsi im, lapsi yt, lapsi i tij, lapsi i saj, lapsi ynë, lapsi juaj, lapsi i tyre
lapsat e mi, lapsat e tu, lapsat e tij, lapsat e saj, lapsat tanë, lapsat tuaj, lapsat e tyre.

b. qyteti im, qyteti yt, qyteti i tij, qyteti i saj, qyteti ynë, qyteti juaj, qyteti i tyre
qytetet e mia, qytetet e tua, qytetet e tij, qytetet e saj, qytetet tona, qytetet tuaja, qytetet e tyre

c. dhoma ime, dhoma jote, dhoma e tij, dhoma e saj, dhoma jonë, dhoma juaj, dhoma e tyre
dhomat e mia, dhomat e tua, dhomat e tij, dhomat e saj, dhomat tona, dhomat tuaja, dhomat e
tyre

d. shkolla ime, shkolla jote, shkolla e tij, shkolla e saj, shkolla jonë, shkolla juaj, shkolla e tyre
shkollat e mia, shkollat e tua, shkollat e tij, shkollat e saj, shkollat tona, shkollat tuaja, shkollat
e tyre

Exercise 2.

hoteli im - hotelet e mia
hoteli yt - hotelet e tua
hoteli i tij - hotelet e tia
hoteli i saj - hotelet e saj

shtëpia ime - shtëpitë e mia
shtëpia jote - shtëpitë e tua
shtëpia e tij - shtëpitë e tij
shtëpia e saj - shtëpitë e saj

motra ime - motrat e mia
motra jote -motrat e tua
motra e tij - motrat e tij
motra e saj - motrat e saj

familja ime - familjet e mia
familja jote - familjet e tua
familja e tij - familjet e tij
familja e saj - familjet e saj

djali im - djemtë e mi
djali yt - djemtë e tu
djali i tij - djemtë e tij
djali i saj - djemtë

Exercise 3

hoteli ynë - hotelet tona
hoteli juaj - hotelet tuaja
hoteli i tyre - hotelet e tyre

shtëpia jonë - shtëpitë tona
shtëpia juaj- shtëpitë tuaja
shtëpia e tyre - shtëpitë e tyre

motra jonë - motrat tona
motra juaj -motrat tuaja
motra e tyre - motrat e tyre

familja jonë - familjet tona
familja juaj - familjet tuaja
familja e tyre - familjet e tyre

djali ynë - djemtë tanë
djali juaj - djemtë tuaj
djali i tyre - djemtë e tyre

Exercise 4

1. My house is big. 2. My teacher is young. 3. Your friend is a journalist. 4. Your girlfriend is a translator. 5. His father is a worker. 6. Her brother studies in school. 7. Our friend goes to the theater. 8. Your book is interesting. 9. Your room is big. 10. Your words are warm. 11. Her sister is small. 12. Their father is a journalist. 13. Our grandmother is a retiree. 14. Our sons go to school. 15. My parents are alive. 16. Your sisters are teachers. 17. My wife is a reporter. 18. Their father is a retiree. 19. Her mother is a retiree. 20. Her brother isn't a journalist.

Lesson 10.

Exercise 1.

John S. - Tungjatjeta, Marin! Si jeni?
Marin D. - Tungjatjeta, John, po ju si jeni?
John S. - Kush është kjo vajza e re?
Marin D. - Ajo është Zana Kodra, ajo është përkthyese. Ndërsa ky është John Smithi, një gazetar amerikan
John S. - Gëzohem që ju takoj, zonjusha Kodra.
Zana K. - Kënaqësia është imja. Marini më ka folur për ju. Si shkojnë mësimet tuaja të shqipes.
John S. - Oh, shumë mirë. Marini më ndihmon shumë.
Zana K. - Më vjen keq, por mua më duhet t'ju lë tani. Mirupafshim, zoti Smith! Mirupafshim, Marin!
John S. - Mirupafshim, zonjusha Kodra! Uroj të shihemi përsëri!
Marin D. - Mirupafshim, Zana!
djali i tyre - djemtë e tyre

Exercise 3.

- Tungjatjeta, si jeni?
- Tungjatjeta, po ju si jeni?
- Unë jam John Smith. Po ju kush jeni?
- Unë jam Marin Drini. Ju jeni anglez?
- Jo, unë nuk jam anglez, unë jam amerikan. Po ju, italian jeni?
- Jo, unë nuk jam italian, unë jam shqiptar. Kur keni ardhur në Shqipëri?
- Dy javë më parë.

- Po ju pëlqen Shqipëria?
- Po, mua më pëlqen shumë.
- Gëzohem që u takova me ju. Mirupafshim!
- Kënaqësia është imja. Mirupafshim!

Exercise 4.
- Ju jeni amerikan?
- Jo, unë nuk jam amerikan. Unë jam shqiptar. Po ju çfarë jeni? Ju nuk jeni francez, apo jo?
- Jo, unë nuk jam francez. Unë jam amerikan.
- Po kjo vajza e re çfarë është? Mos është italiane?
- Jo, ajo nuk është italiane. Ajo është irlandeze.

Exercise 5.
amerikane, italiane, angleze, përkthyese, gazetare, mësuese, franceze, gjermane, irlandeze, turiste.

Exercise 6.
turisti, shtëpia, krahu, zogu, parku, hoteli, përkthyesi, përkthyesja, mësuesi, mësuesja, gazetari, gazetarja, amerikani, amerikanja, shqiptari, shqiptarja

Exercise 7.
Sa është ora? Ora është 9. Ora është 9.30. Tani është ora ll. Tani është ora 12.15. Në ç'orë fillon mësimi? Mësimi fillon në orën 8. Në ç'orë fillon filmi? Filmi fillon në orën 8 të mbrëmjes.

Exercise 8.
mësuesja, dritarja, rruga, dita, nata, mesdita, fletorja, rusja, amerikanja, italianja, anglezja, francezja, gjermanja, turistja, përkthyesja, dëgjuesja.

Exercise 9.
- Kush është kjo vajzë e re?
- Ajo është Zana Kodra. Ajo është përkthyese.
- Kush është ky zotnia?
- Ai është John Smith. Ai është amerikan. Ai është gazetar.
- Kur keni ardhur në Shqipëri?
- Unë kam ardhur në Shqipëri dy javë më parë.
- A ju pëlqen Shqipëria?
- Mua më pëlqen shumë Shqipëria.
- Ku jeton ai tani?
- Tani ai jeton në hotel.

Exercise 10.
Dita e parë, dita e dytë, dita e tretë, dita e katërt, dita e pestë, dita e gjashtë etj.
Java e parë, java e dytë, java e tretë, java e katërt, java e pestë, java e gjashtë etj.
Viti i parë, viti i dytë, viti i tretë, viti i katërt, viti i pestë, viti i gjashtë etj.
Muaji i parë, muaji i dytë, muaji i tretë, muaji i katërt, muaji i pestë, muaji i gjashtë etj.

Exercise 11.
Vëndet e bukura
mbrëmjet e freskëta
pranverat e shkurtëra
hotelet e mëdhenj
mëngjeset e ftohtë
mbrëmjet e ngrohta
ditët e nxehta

dimrat e gjatë
ditët e gjata

Exercise 12

Ditët e javës: e hënë, e martë, e mërkurë, e enjte, e premte, e shtunë, e diel
Muajt e vitit: janar, shkurt, mars, prill, maj, qershor, korrik, gusht, shtator, tetor, nëntor, dhjetor

Exercise 13

Sot është e enjte.
Dje ishte e mërkurë.
Nesër është e premte.
Tani është muaji maj.
Unë kam ardhur në Shqipëri në prill.
Sot është 26 maj 2005.
Dje ishte 25 maj 2005.

Exercise 14.

Në verë netët dhe mëngjeset e Tiranës janë të freskëta.
Qielli mbushet me yje të shëndritshëm.
Qielli i Tiranës në mbrëmje është i zi në blu.
Marini banon në një dhomë të madhe.
Vjeshta në Nju Jork është e ngrohtë.
Dimri në Tiranë nuk është aq i ftohtë.
Vera në Nju Jork është e nxehtë.
Tirana ka klimë të butë.

Exercise 15.

Çfarë bëj unë?
Çfarë bën ti?
Çfarë bën Xhoni?
Çfarë bën Ana?
Çfarë bëjmë ne?
Çfarë bëni ju?
Çfarë bëjnë Xhoni dhe Ana?
Çfarë bëjnë ato

Exercise 16.

ndihmon, shkoj, punon, mëson, shkruan, mësojnë, ndihmoni, shkojmë, dëgjon, lexon

Exercise 17.

unë	pushoj, mësoj, dëgjoj, ndihmoj, shkruaj, lexoj
ti	pushon, mëson, dëgjon, ndihmon, shkruan, lexon
ai	pushon, mëson, dëgjon, ndihmon, shkruan, lexon
ajo	pushon, mëson, dëgjon, ndihmon, shkruan, lexon
ne	pushojmë, mësojmë, dëgjojmë, ndihmojmë, shkruajmë, lexojmë
ju	pushoni, mësoni, dëgjoni, ndihmoni, shkruani, lexoni
ata	pushojnë, mësojnë, dëgjojnë, ndihmojnë, shkruajnë, lexojnë
ato	pushojnë, mësojnë, dëgjojnë, ndihmojnë, shkruajnë, lexojnë

Lesson 11.

Exercise 1.

fjala e mësuesit, rrugët e qytetit, përgjigja e motrës, klima e Tiranës , dera e shtëpisë, titujt e librave, familja e Marinit, artikujt e gazetave , mikpritja e shqiptarit, ditët e javës, dritaret e shkollës, motra e shokut, rrugët e Tiranës

Exercise 2.
Marin is reading the newspaper article.
John meets with Marin's mother.
It is the sister's book.
John looks at the city center.
They are sitting in the hall of the hotel.

Lesson 12.

Exercise 1.
I am eating a hot soup.
You are eating a fresh salad.
He is looking at a nice park.
She is writing a long novel.
Anna is reading a short story.
Marin is drinking a cold beer.
He has a big family.
Marin has a small room.
I see some tall buildings.
Zana is reading some short stories.
John meets some old friends.

Exercise 2.
një tregim të gjatë, një mësim të ri, shoqe të mira, shokë të mirë.

Exercise 3.
shokun e shkollës, pemën e lartë, shtëpinë e madhe, trëndafilin e kuq, mësimin e ri, pyetjet e mësuesit.

Exercise 4.
Çfarë lexon ajo? Çfarë shpjegon mësuesi? Çfarë ka Zana? Çfarë ka Marini?
Kë takon Marini? Çfarë sodit Nikollai? Çfarë shoh unë? Çfarë më jep Zana? Çfarë shpjegon mësuesi? Çfarë dëgjon Zana?

Lesson 13.

Exercise 1.
1. unë hap, ti hap, ai (ajo) hap, ne hapim, ju hapni, ata (ato) hapin
2. unë shoh, ti sheh, ai (ajo) sheh, ne shohim, ju shihni, ata (ato) shohin

Exercise 2.
mbledh, sodisin, pyet, merrni, hapin.

Exercise 3.
në restorant, me Marinin, në dhomë, me shumë, me vëmendje
Exercise 4.
Let's go tonight to the concert.
What kind of concert is it?
Tonight's concert is about Albanian music.
Can we find tickets?

Yes, we can.

Let's go then. I like Albanian music.

Lesson 14.

Exercise 1.
1. I see Petrit and his brother. 2. Zana takes his sister to the train station. 3. Marin meets his father. 4. I know his (her) son well . 5. Here is his (her) daughter. 6. His (her) father is Albanian. His (her) mother too is Albanian.

Exercise 2.
1. Unë shoh vajzën e tyre. 2. Shiko, po vjen babai i tij. 3. Vëllai i tij është mjek.
4. Unë takoj djalin e tij. 5. Unë shoh vajzën e tij. 6. Tani djali i tij po luan.

Exercise 3.
atë libër, atë vajzë, këtë djalë, këtë vajzë

Lesson 15.

Exercise 1.
1. do të shkruaj… 2. do të shkosh… 3. do të njoftojë… 4. do të shkruajë… 5. do të shpjegojë… 6. do të njoftojnë… 7. do të lexoj...

Exercise 2.
1. do të dal… 2. do të bësh… 3. do të blejë… 4. do të përsëritni… 5. do të flasim… 6. do të blejë… 7. do të marrin… 8. do të hapin… dhe do të hyjnë …

Exercise 3.
1. unë do të jem… 2. do të jesh… 3. do të kesh… 4. ti do të jesh…5. do të keni… 6. do të jemi… 7. ..do të jenë…

Lesson 16.

Exercise 1.
1. të freskëta, 2. të kuqe 3. të bukura
Exercise 2.
1. zarzavate të freskëta, 2. shegë të ëmbëla, rrush të bardhë, fiq të zinj dhe kumbulla të zeza, 3. shegët e ëmbëla, rrushin e bardhë, fiqtë e zinjë dhe kumbullat e zeza, 4. mollët e embëla dhe rrushi i bardhë, 5. fiqtë e ëmbël dhe portokallët e shijshëm.

Lesson 17.

Exercise 1.
1. In the summer days are long. 2. Tirana is a nice city. 3. The Albanian language is difficult. 4. The rose is red.
Exercise 2.
1. më e ngrohtë, 2. më e vogël, 3. më i lartë, 4. më e re
Exercise 3.
1. shok i mirë, më i mirë, më i miri,
2. interesant, më interesant, më interesanti,
3. i lartë, më i lartë, më i larti,
4. e shijshme, më e shijshme, më e shijshmja.

Lesson 18.

Exercise 1.
1. My brother lives in another city. Petrit talks with my brother.
2. My parents are retirees. I live with my parents.
3. My sister is student. Talk to my sister.
4. My girlfriends don't like the soccer. I don't see my girlfriends.
5. Your brothers are young. You go to the stadium with your brothers?
6. Your mother is a retiree. How much do you love your mother?
7. Your girlfriends are working. You don't speak with your girlfriends?
8. His (her) friend is a reporter. I spoke with his (her) friend.
9. His (her) books are on the table. Take his (her) books.
10. Your father is a physician. I don't know your father.

Exercise 2.
13. Is this your friend?
14. Yes, he is my friend. He is a reporter.
15. And this, is she your friend?
16. Yes, she is my friend. She is a teacher.
17. Do you love your friends?
18. Yes, I love my friends very much. And how about you, do you love your friends?
19. I too love my friends very much .

Exercise 3.
- Ky është shoku i tij (i saj)?
- Po, ky është shoku i tij (i saj)?. Ai është gazetar.
- Po kjo, shoqja e tij (e saj) është?
- Po, kjo është shoqja e tij (e saj). Ajo është mësuese.
- Ai (ajo) i do shokët e tij (e saj)?
- Po, ai (ajo) i dua shumë shokët e tij (e saj).
- Po , ata i duan shokët e tyre?
- Edhe ata i duan shokët e tyre.

Lesson 19.

Exercise 1.
flamurët tanë, apartamentet tona, lapsat tanë, shënimet tona, punët e tyre, shkollat tuaja, shoqet e tyre, shtëpitë tona, mësuesët tanë, nënat tona, motrat tona, vëllezërit tanë.

Exercise 2.
Sing.. - flamurin tonë, apartamentin tonë, lapsin tuaj, shënimin e tyre, punën e tyre, shkollën tuaj, shoqen e tyre, shtëpinë tonë, mësuesin tonë, nënën tuaj, motrën tonë, vëllain tonë.

Plur. - flamurët tanë, apartamentet tona, lapsat tanë, shënimet tona, punët e tyre, shkollat tuaja, shoqet e tyre, shtëpitë tona, mësuesët tanë, nënat tona, motrat tona, vëllezërit tanë.

Exercise 3.
1. jote, juaj 2. tënde, tuaj 3. tënd, tuaj 4. time, tonë, 5.e tij, e saj, e tyre

Lesson 20.

Exercise 1.
1. e shtëpisë, 2. të gazetës, 3. i vëllait, 4. e Skënderbeut, 5. e ministrive.

Exercise 2.
Çfarë pijnë Marini me Xhonin? Çfarë shkruan Xhoni? Çfarë do të blejë Zana? Me kë bisedon ti? Çfarë lexon Ana? Çfarë po shihni ju? Kë (cilin) këshillon mësuesi?

Exercise 3.
1. ndihmon, 2. shëtisin, 3. shkon, 4. lexon, 5. dëgjojnë, 6. bëni, 7. përsërit, 8. luan.

Exercise 4.
1. gabime të rënda, 2. një laps të vogël, 3. një godinë të lartë, 4. kështjellën e Krujës, 5. disa

turistë të huaj, 6. fjalët e reja.

Exercise 5.

l. në pazar, 2. me Zanën, 3. në gjuhën shqipe, 4. pa gabime, 5. në teatër, 6. në koncert bashkë me shokët 7. për Shqipërinë, 8. në Krujë.

Exercise 6.

Who is she? - She is my sister. - Where does she work? She does not work. She studies in school. - Where does your brother work? My brother is a reporter. - How about your parents, where do they work? My mother is a retiree, and my father is a worker.

Exercise 7.

1. do të shohin, 2. do të shkruajë, 3. do të përsërisim, 4. do të marim, 5. do të jem, 6. do të jenë; 8. do të dilni.

Exercise 8.

l. të ri, 2. e ëmbël, 3. të ëmbël, 4. e kuq, 5. të mërzitshëm, 6. të jashtëm, 7. e vogël.

Exercise 9.

l. In winter nights are shorter than days.

2. Marin speaks English better than Zana.

3. Zana writes Albanian better than Marin.

4. John goes faster than Marin.

5. I am shorter than John.

6. Albanian language is very difficult.

Exercise l0.

l. tënd, e tij (e saj), 2. yt, i tij (i saj), 3. jote, e tij (e saj), 4. e tu, e tij (e saj), 5. e tu, e tij (e saj), 6. e tua, e tij (e saj).

Exercise 11.

l. jonë, e tyre, 2. ynë, i tyre, 3. jonë, e tyre, 4. jonë, i tyre, 5. tanë, e tyre, 6. tona, e tyre, 7. ynë, i tyre, 8. tona, e tyre.

Lesson 21.

Exercise l.

lahem, lahesh, lahet, lahemi, laheni, lahen

Exercise 2.

1. ngrihet, 2. merren, 3. nisem, 4. kthehesh, 5. përgjigjen, 6. niseni

Lesson 22.

Exercise 1.

1. shkove, 2. shkoi, 3. shkuam, 4. shkuat, 5. shkuan, 6. shkuan

Exercise 2

1. u ngrite, 2. hapi, 3. u la, 4. pati

Lesson 23

Exercise 1.

1.të lexojë, 2. të bëjmë, 3. të udhëtojë, 4. të punojë, 5. të ndihmojë, 6. të shlodhesh

Lesson 24

Exercise 1.

1. do të ngrihem, 2. do të kthehet, 3. do të ulesh, 4. do të nisen, 5. do të kënaqeni

Lesson 25

Exercise 1.

1. **i** dhemb, 2. **të** dhemb, 3. **na** pëlqen, 4. **u** duhet, 5. **u** pëlqen

Exercise 2.

2. **e** pashë, 2. **na** pyeti, 3. **të** pyeta, 4. **na** dëgjon, 5. **Ju** pashë 6. **më** morën, 6. nuk **i** do

Lesson 26

Exercise 1.

199

1. **i** erdhi, 2. **e** takova, 3. **të** takoi, 4. **u** pëlqen, 5. **na** pëlqen, 6. **i** takuam, 7. **ju** kërkoi, 8. **u** dhanë, 9. **na** pëlqeu, 10. **më** takoi, 11. **e** pashë

Exercise 2.

1.**ta** dha, 2. **ia** tregoj, 3. **na e** jepni 4. **ua** dha, 5. **ua** dha, 6. **m'i** more, 7. **t'i** jap, 8. **ia** more, 9. **na i** dhe, l0. **ua** ktheu,11. **ua** kërkove, 12. **më** prek

Lesson 27.

Exercise 1.

1. lexonte 2. të shkonte, kishte 3. kishte, nuk përtypei 4. ishte, nuk e ndiente 5. të merrte 6. të rrinte shtrirë , të bënte.

Lesson 28.

Exercise 1.

1. **të** tregoj, 2. **t'i** thuash, 3. **më** japësh, 4. **na** tregosh, 5. **të** shqetësoj, 6. **t'u** thuash

Exercise 2.

1.**të** pres, 2. **më** thuash, 3. **t'i** thuash, 4. **t'ua** lexosh, 5. **na** shkruash, 6. **t'ju** (të + ju) them

Lesson 29.

Exercise 1.

l. një kodre, 2. kashte, 3. pambuku, 4. lëkure, 5. shtëpisë, 6. qytetit.

Lesson 30.

Exercise 1.

1. shkruaj, 2. dëgjo, 3. hap, 4. flit, 5. hyr, 6. dil, 7. lëviz, 8. rri, 9. Puno, 10. meri

Exercise 2

2. Please, bring me one more blanket. 2. Don't forget please to bring me the newspapers. 3. Now give me the tea. 4. Leave the newspapers on the table, please. 5. Call me again if you need something else. 6. Don't tell Marin. 7. Don't speak to Zana.

Lesson 31.

Exercise 1.

1. ka punuar, 2. kam dëgjuar, 3. ka dhënë, 4. kam qenë, 5. jeni sëmurur, 6. kemi lënë, 7. është ndërtuar.

Lesson 32.

Exercise 1.

1, të cilin, 2. të cilën, 3. i cili, 4. të cilën, 5. të cilët, 6. të cilën, 7. të cilat

Lesson 33.

Exercise 1.

1. e aktorëve, 2. i një nxënësi, 3. e nxënëses, 4. artistëve, 5. shoqes, 6. e shtëpisë, 7. i një shkrimtari, 8. e fëmijës, 9. ndonjë shoku.

Lesson 34.

Exercise 1.

1. për të biseduar, 2. për t'u takuar, 3. për të filluar, 4. për t'u nisur, 5. për të mos hyrë, 6. për të biseduar, 7. për të vizituar.

Lesson 35.

Exercise 1.

2. për të më bindur, 2. për të na takuar, 3. për të mos ju takuar, 4. për të mos e dëshpëruar, 5. për të të parë, 6. për t'u treguar.

Lesson 36.

Exercise 1.

1. e kishte ftuar, 2. i kishte thënë, 3. i kishte prezantuar, 4. ishin futur, 5. i kishte gostitur, 6. e kishte pritur

Lesson 37.

Exercise 1.

1. My friends are good workers. 2. I gave my sister a new book. 3. In our house there are many rooms. 4. I will tell my friend to call you. 5.Have you seen my friends? 6. I found the lost book.

Lesson 38.

Exercise 1..

1. një vajzë mrekullueshme, 2. vajza të sjellshme, 3. një vajzë e re, me fytyrë të qeshur, 4. vende të bukura, 5. libra të rinj

Lesson 39.

Exercise 1.

Duke mësuar, duke punuar, duke kënduar, duke lëvduar, duke u lëvduar, duke takuar, duke qëlluar, duke afruar, duke u afruar.

The sculptural ensemble of Scanderbeg and his comrades in arms. Museum of Kruje.

201

Vocabulary

A

afër - near
afërmit (të)- relatives
aftësi-a - ability
ai - he
ajër i pastër - the open air, the fresh air
aj/ër-ri - air
albanologjik (m.) - Albanian
albanologjik-e (f.) - Albanian
album-i - album
amerikan (m.) - American
amerikane (f.) - American
amerikanë - Americans
anglez - Englishman
angleze - Englishwoman
angleze - Englishwomen
anglezë - Englishmen
ankohem (përse ~heni)- to complain
  (what is the problem?)
apartament-i - apartment
apo - or
ardhshëm (i, e) - future, next
ardhur (kishte ~) - have arrived
argëtoj - to entertain
ari-u (arinj) - bear
arritëm - here we are, we have arrived
as - nor, neither
asgjë - nothing
ashtu është - that's true
askush - nobody
asnjerí - nobody
asnjë - nobody
aspirinë - aspirin
ata (m.) - They
atdhé-u - homeland
ati (i) - (his, her) father
atje - there
ato (f.) - They

B

bagëti-a - stock-breeding
Ballkan - Balkan
ballkanik - of Balkan, Balkan's

banoj - to live
bar-i (barna-t) - medicine
bar-i - grass
bardhë (i, e) - white
bardhë (i,e) - white
bashkë - together
bashkë me ne - with us
bashkëpunim - cooperation
batanije-a - blanket
bekuar (i, e) - blessed
bëj (kam të ~) - to deal
bëj - to make, to do
bëni (i) të fala - send my regards to
bie në gjunjë - kneel down
bija (e ~) - (his, her) daughter
biletë-a (mund të gjejmë ~)- ticket
(can we find tickets)
biri (i) - (his, her) son
bisedë telefonike - phone talk
bisedë-a - talk
bishë e egër - wild beast
bishë-a - beast
biskotë-a - biscuit, cookie
blej - to buy
borsë për këmbët - foot-warmer
bredh-i - fir-tree
bregor/e-ja - hillock, small hill
brenda - inside
brez pas brezi - for generations
brinj/ë-a - slopes
buf-i - screech owl
bujqësi-a - agriculture
bukur (i, e) - beautiful
bukurosh-i(-e) - nice, beautiful,
 beauty
buletin metereologjik - weather
forecast
bulevard-i - boulevard
bulon-i - broth
buqetë me lule - a bunch of flowers
burrë-i - man, brave man
butë (i, e) - moderate, soft

C

caktoj regjim shtrati - to prescribe
  a regimen

cop/ë-a - piece
copë-a - excerpt
cigar/e-ja - cigarette
cili (cila, cilët, cilat) - who, which

Ç

çad/ër - ra - umbrella
çaj i ngrohtë (i nxehtë) - hot tea
çdo ditë - every day
çdo gjë ka kaluar - all now remain in
the past, all has passed
çfarë bëjnë ata? - what do they do?
çfarë është ai? - What is he?
çfarë po bëni? - what are you doing?
çfarë urdhëroni?- what would you
like to order?
çlodhem - to rest, to relax
çmos (bëj ~)- do anything
çoj - to send, to carry, to dispatch
çorape - socks, socking, stockings
çukë-a - hillocks

D

dal - to go out
dal në breg - to go to the seashore
dal për të pritur - come out to meet
someone
dal shëtitje - to go for a walk
dalin për shëtitje - go for a walk
dallgë-a - wave
dashuri-a - love
dasmë-a - wedding, wedding ceremony
datë-a - date
degë-a - branch, department
delegacion - delegation
demokraci - democracy
demokratik - democratic
der/ë-a - door
der/ë a - family
deri - till, until
deri kur?- how long?
det-i - sea
dëfrehem - to amuse, to entertain oneself
dëfrej - to amuse, to entertain
dëfrim-i - amusement,

entertainment
dëgjoj - to hear, to listen
dëgjuar (kam ~) - I have heard
dëgjues-i - listener
dërgoj - to deliver, to send
dëshirë (kam ~) - I would like
dëshirë-a - desire
dëshiroj (ç'dëshironi për të ngrënë?)
- to want, to like (what do you want
to eat?)
dëshiroj - to wish
dëshiron të dish - do you wish to
know
dëshmorët e kombit - national
heroes
dëshpëroj - to despair, to discourage,
to dishearten, to distress
di - to know
di përmendësh - to know by heart
di shqip - he knows Albanian
diçka e mrekullueshme - something
marvelous, miraculous
diel (e) - Sunday
diell-i - the sun
dije - knowledge
dimër-dimri - winter
dini të notoni - can you swim
diskutoj - to discuss
dit/ë-a - day
dita e hapjes - opening day
ditë (ka disa ~) - there are some days
ditë e natë - day and night
ditë pune - work day
ditë pushimi - holiday,
non-working day
dituri-a - knowledge, skill
djali i madh - oldest son
djali i vogël - youngest son
dje - yesterday
do të doja ta shoh - I would like to
see him
do të gëzohen - would be glad,
happy
do të vij - will come
domat/e-ja (pl. domate-t) - tomato
domethënë - That does mean, that

means

doni të lini - you would like to drop off

dredhur (i, e) - curled, curly

drejtohem - to address

drekë-a - lunch

dridhura (kam të ~) - I have a fever

dritar/e-ja - window

dua - to want

duhet - is needed, to need, must, have to, should

duke çliruar - liberating

duket - seemed

duroj - to resist, to be patient

dush-i (bëj ~) - to take a bath

dyqan këpucësh - shoe store

dyqan rrobash të gatshme për burra - men's dressing store (department)

dyqan rrobash të gatshme për gra - ladies' dressing store (department)

dyqan ushqimor - grocery store

dyqan veshmbathjeje - clothing store

DH

dhe - and

dhomë me dy shtretër - room with two beds

dhelp/ër-ra - fox

dhëmb-i - tooth

dhëmballë-a - molar

dhom/ë-a - room

dhoma e pritjes - living room

dhoma e provës - fitting room

E

e lëmë për një herë tjetër - let's postpone it for another time

edhe - as well, and

egër (i, e - pl. të egjër) - wild

ekonomik - economical

embëlsirë-a - cake

emision-i - transmission

enjte (e) - Thursday

entuziast - enthusiastic

ethe - fever

etje-a - thirst

Ë

ëma (e) - (his, her) mother

F

fakultet-i - faculty, department

falem - to pray

familj/e-a - family

fantazëm-a - phantom, ghost

fare blu - entirely blue

fare pranë - nearby

farmaci-a - drug store

fëmijë-a (pl. fëmijët) - child, children

fëmijëri - childhood

fërkoj (sytë) - to wipe (the eyes)

fik-u (pl. fiq-të) - fig

fileto - filet

fillim-i - beginning

filloj - to start, to begin

film-i - movie

filologji-a - linguistics

fisnik - honorable, gentleman

fjal/ë-a - word

fjali - sentence

fjalim - speech

fjalor-i - vocabulary

flamur-i - flag

fle (fjetën shpejt) - to sleep (went to sleep early)

fletor/e-ja - notebook

fllad-i - breeze

fond-i - fund

fort - very (too much)

fragment-i - fragment, excerpt

francez (m.) - French

franceze (f.) - French

franceze - Frenchwomen

francezë - Frenchmen

frash/ër-ri - ash tree

fresk - cool

freskët (i, e) - fresh, cool

freskoj - to freshen

fryn erë - it's windy
fshat-i (pl.fshatra-t) - village, hamlet
fshatar-i - peasant, farmer
ftohem - to catch a cold
ftohtë (i, e) - cool
ftohtë - cold
ftoj - to invite
fundjavë - weekend
fus - to put, to insert, to iintroduce
fushë-a - field
futem në ujë - to get in the water, to
        enter in the water
fytyrë-a - face

G
gabim-i - error, mistake
gadishull - peninsula
garazh - garage
gati (bëhem)- to be prepared
gatuaj - to treat, to prepare
gazet/ë-a - newspaper
gazetar (m.) - reporter, writer
gazetare (f.) - reporter, writer
gazetat e sotme - today's newspaper
gazmor - joyful, cheerful,
gegë-a - Geg
gënjej - to lie, to fool
gërxh-i - hillside
gëzohem - to be glad
gëzohem gjithashtu - I am glad, too
gëzohem që u njohëm - It's my pleasure
        to meet you, I am pleased to
        know you
godinë-a - building
gom/ë-a - rubber
gostis - to treat someone
gradë-a - degree
grek-u - Greek
grip - influenza
grua-ja - wife
grumbull-i - multitude, pile
grykë-a - throat

GJ
gjah-u - hunting
gjak- - u - blood

gjallë i (e) - alive
gjallë (është ~ i shoqi) - strongly
resembles her husband
gjatë (i, e) - long, big, huge
gjej - to find
gjelbër (i, e) - green
gjelbëruar (i, e) - verdant, green
gjellë-a - meal
gjer kur - how long
gjerë (i, e) - large
gjerman (m). - German)
gjermane (f.)- German
gjermanë - Germans
gjimnastikë e mëngjesit - morning
    exercise
gjithë (të) - all
gjithfarësh - diverse
gjoks-i - chest
gjuh/ë -a - tongue, language
gjuhësi-a - linguistics
gjyle - cannon ball
gjysh-i - grandfather
gjysh/e-ja - grandmother

H
ha (hëngra) - to eat
ha drekë - to dine
ha mëngjesin - to have breakfast
hap - to open
hap-i (as dhjetë ~a) - step (ten
steps way)
harroj - to forget
hedh (hodha) - to throw
hedh dritë - to enlighten, to explain
herë tjetër - another time
herë...herë - sometimes, at times
herën tjetër - the next time
herët - early
hero kombëtar - national hero
hënë (e) - Monday
hije-a - shadow
hijshëm (i, e) - handsome
histori-a - history
holl-i - hall
hotel-i - hotel
huaj (i, e) - foreign

huaj (i, e) - foreigner
humbas rastin - to miss the opportunity
hundëshkabë-a - hook-nosed
Hy-u - God
hyj - to go in, to enter

I

i armatosur gjer në dhëmbë - dressed to
        the teeth
ide e mirë (kjo është një ~) - It's a good
        idea
iki nga ora e mësimit - to skip a class, to
        miss the lesson
informoj - to inform
institucion-i - institution
intelektual-i - intellectual
interesant - interesting
inxhinjeri - engineering
italian (m) - Italian
italiane (f.)- Italian
italianë - Italians

J

jam - to be (I am)
jam dakord - I agree
jam gati - I am ready
jam i ftohur - to get cold,
jam i zënë - I am busy
janë gjallë - are alive
janë të ftuar - are invited
jap - to give
jap ndihmë - to help, to be of assistance
jap përgjigje - to give answers, to answer,
        to respond
jashtë (~ shtetit) - outside
jashtëm (i, e) - foreign, exterior
javë-a - week (
javë-a (çdo javë) - every week
jetë të lumtur - may you be happy
jo - no
jo vetëm që - not only for
ju - You (plural)
ju lutem - please
K

ka vetëm një javë që jeton - he has
been living here only one week
kafe-ja - coffee, coffeeshop
kafshë-a - animal, beast
kallam peshkimi - fishing rod
kaloj (kohën) - to spend, to pass
        the time
kaloj sheshin - to pass the square
kaltërt (i, e) - azure
kaluar (i, e) - last, past, by-gone
kaluara (e) - the past
kam (ke...) - to have (I have...You
        have...)
kamarier-i - waiter
kanarinë-a - canary
kap - to catch
kapele-ja - hat
karrig/e-ja - chair
kartolinë-a - postcard
kastravec-i - cucumber
kati i dytë - second floor
këmishë-a - shirt
kënaqur (i, e) - content, satisfied
këndoj - to sing
këndshëm (i, e) - pleasant
kërcej - to dance
kërkoj - to ask, to search
kështjellë-a - castle, fortress
kështu - so, thus
këta (m. pl.) — these
këto (f.pl.) - these
këtu - here
kilogram-i (kile-ja) - kilogram
kjo (f.s.) - this
kjo është - this is
klim/ë-a - climate
kod/ër-ra - hill
kohë-a - weather
kohët e vjetra - old, antique
kollë - cough
kollitem - to cough
komb-i - nation
kombëtar - national
kompozitor-i - composer
kopsht botanik - botanical park
korpusi qëndror - central campus

korrurit (të)- harvesting, the harvest
kotoletë viçi - beef cutlet
krah-u - arm
krajl-i - kral (prince)
krenari-a - pride
krihem - to comb one's hair
krijimtari-a - creation
krizantemë-a - chrysanthemum
kryeministër-i - prime minister
kryesor - the main
kthehem - to turn back, to return
kthej - kthehem - to return, to come
   back
kthej (monedhën) - to change (money)
ku - where
ku është ai? - where is he?
kudo - everywhere
kulla e Sahatit - Watch Tower
kulluar (i, e) - transparent
kuptoj - to understand
kuq (i, e) - red
kur - when
kush është ai? - Who is he?
ky (m.s.) - this
ky është - this is

L
lagësht (i, e) - humid
lagështir/ë-a - humidity
lahem - to swim, to wash oneself
lahem me ujë - to wash oneself with
            water
lajmet - the news
lakër-lakra - cabbage
laps-i - pencil
larg - far
largohem - to leave out
larmishëm (i, e) - various
lartë (i, e) - high, tall
lartësohet - is erected, stands
lashtë (i, e) - old, antique
lejlek-u - stork
lesh-i - wool
let/ër-a - letter
letër e porositur - registered letter
letërsi-a - literature

lexon shumë - he reads too much
lëkurë - leather
lëruarit (të)- the plowing
libër - book
librari-a - bookstore, book shop
lirë (i, e) - free, cheap
lis-i - oak
literaturë-a - literature
lokal-i - premises
luaj rolin - to play the role
luftëtar-i - warrior
luginë - valley
lule-ja - flower
lulëzon - flourish
lulisht/e-ja - flower garden

LL
lloje drurësh - kind of trees

M
mace e egër - wild cat
madh (i, e) - big, old
madhështor - grand, magnificent
makin/ë-a - car
Mali i Zi - Montenegro
mal-i - mountain
mall (kam ~) - long (longing)
manjolie-a - magnolia
marr (duke ~ me vete) - to take, to
 carry (carrying with oneself)
marr fjalën - to take the floor, to
            speak publicly
marr me vete - to carry with oneself
marr telefon (telefonoj) - to call (by
            phone)
marr vesh - to understand
martë (e)- Tuesday
materiale - materials, documentation
mbaj fjalim - to deliver a speech
mbaj me muhabet - to make small
            talk, to chat
mbaj regjim shtrati - to follow a
regimen
mbaj shënime - to take notes
mbajtur (i, e) - used
mbaruat së shkruari - did you finish

writing?
mbërrij - to reach, to arrive
mbështjell - to pack, to wrap
mbjellit (të)- the planting, the sowing
mbledh - to gather
mbrëmj/e-a - evening
mbyll - to shut, to close, to lock
mbytem nga lotët - to break into tears
me - with
me autobus - by bus
me cilin jetoni - whom do you live with?
me dhunë - violently, with violence, with
    force
me durim - patiently
me dy duar - with both hands
me gjithë qejf - with pleasure
me kënaqësi - with pleasure
me mua - with me
me ndihmën - with the help
me në krye - headed by
me ngjyra - colored
me pamje nga - with the view from
me punë - on business
me radhë - in line, successively
me siguri - surely
me telefon - by phone
me të - with him
me vëmendje - attentively, with attention
megjithëse - although
mendim - thought
mendohem - to think, to meditate
menjëherë - immediately, abruptly,
  suddenly
meqë - since, as
mercenar - mercenary
merrem - to do something
merrem me - to be interested in
merrni paratë - here is the money
mes-i - middle, midst
mesditë - noon, midday
mesnat/ë-a - midnight
më (mua) - me
më - more
më dhemb koka -I have a headache
më ep (jep) nder - to give honor
më falni - excuse me, I beg your

pardon,
më i afërt - the nearest
më ke treguar - you have told me
më kot - in vain
më kujtohet - I remember
më parë - before
më peshoni, ju lutem - weigh me,
please
më pëlqen - I like
më presin - they are waiting for me
më quajnë - my name is
më tepër - more
më thanë - they tell me
më tutje -further away
më vjen rëndë - to find hard
mëngjes-i - morning
mërguar (i, e) - in exile
mërkurë (e) - Wednesday
mërzitshëm (i, e) - boring
mësimi i dytë - second lesson
mësimi i tretë - third lesson
mësoj - to study, to learn
mësoj përmendësh - to learn by
    heart, to memorize
mësues-i (m.) - teacher
mësues/e-ja (f.) - teacher
mik-u - friend, fellow, mate
mikpritës - hospitable
mikpritje-a - hospitality
minarja e xhamisë - minaret of the
    mosque
ministër-i - minister
minut/ë-a - minute
mirë (i, e) - good
mirë se erdhët - welcome, you are
  welcome
mirë se të vini përsëri - you are
    welcome next time
mirë se u gjej - I am glad to see you
mirupafshim - see you again
mirupafshim nesër - see you again
    tomorrow
mish-i - meat
mjaft - enough, a lot
mjaft për sot - that's enough for
    today

mjedis shqiptar - Albanian environment
mjek-u - doctor, physician
mjekërr - beard
mjekësi-a - medicine
mjellmë-a - swan
mollë - apple
mos harroni - don't forget
mos më mundo - don't torture me
mos u tall - come on, don't joke
motër (motra) - sister
motobarkë-a - boat
motra (e)- (his, her) sister
muaj-i - month
mund - can
mund t'ju shërbej -may I help you?
mund të blesh - you can buy
mur-i - wall
muze historik - historical museum

N
na sillni ca birrë - bring us some beer
natyrë-a - nature
ndahem - to part
ndenjën - stayed, have been
nderuar (i, e) - honorable
ndërmarrje-a - enterprise
ndërmënt (kam ~) - to bear in mind
ndërsa - while
ndërtesë-a - building
ndërtuar (është) - is constructed, is built
ndiej të ftohtë - to feel cold
ndiej veten mirë (keq) - I feel good (bad)
ndihmoj - to help
ndjej (e) veten - to feel oneself
ndjek - to cover, to pursue
ndodhem për herë të parë - This is the first time I...
ndodhem, (u ndodhën) - to be, they found themselves
ndodhet - to be located
ndonëse - although
ndoshta - maybe
ndryshme (të) - various
nesër (të nesërmen)-tomorrow, next day

neveritur (i, e) - repugnant (here: abandoned)
nevojë (kam ~) - I need
në det të hapët - on the open sea
në fillim - at first, in the beginning
në fund të vjeshtës - at the end of fall
në kalë - on horseback
në këmbë - on foot
në kohë - on time
në krye - in the beginning, at first
në mbrëmje - in the evening
në mes - in the center
në mënyrë që - in order that, so that
në mënyrë të veçantë - especially
në mos je - if you are not
në park - in the park
në thellësi - in depth, deep
në vendin e tij - in his place
në verë - in the summer
nën hije - in the shadow
nëpër qytet - through the city
nëpër- through
nga ana ime - from me
nga ato që bëri - from his deeds
nga një mësim - one lesson at a time
nga të gjitha llojet - all kinds
nganjëherë - sometimes
ngas - to touch
ngatërruar (i, e)- complex, complicated
ngjaj - to resemble
ngre - to lift
ngre kryet - to lift the head
ngrihem - to wake, to arise, to get up
ngrirë (i, e) - frozen
ngriti flamurin - raised the flag
ngrohtë (i, e) - warm
ngrohtë - warm
nis - to deliver, to send
nis letrën - to mail the letter
nis vera - the summer begins
nisem - to go, to start, to depart
nisin shirat - begins to rain
notoj - to swim
nuk durova dot - I did not resist
nuk është aq - it is not as

nuk është larg - is not far
nuk flet dot - cannot speak
nuk jam kundër - I am not against
nuk ka nevojë - there is no need
nuk ka problem - there is no+ problem
nuk kam (s'kam) - I do not have (I don't
    have)
nuk kam oreks - I've lost my appetite
nuk pati kohë - he didn't have time
numër i kaluar - last issue
nxehtë (bëhet ~)- becomes hot
nxehtë (i, e)- hot
nxehtë (vapë) - hot

Nj
njeri i sotëm - today's men
njerí-u - man
një dhomë me dy shtretër - a room with
    two beds
një ditë - one day
një gotë çaj - a cup of tea
një herë tjetër - another time
një mrekulli - a miracle, a marvelous
    thing
njëri pas tjetrit - one after another
njoftoj - to inform, to tell,
njoh (njihem) - to know, to be known
njohës-i - connoisseur, expert
njohja - introduction

O
opinion-i - opinion
opinioni publik - public opinion
or/ë-a - watch, hour, time
orë të tëra - for hours
organizator-i - organizer, host
ose - or, either
oborr-i - yard, courtyard
orator-i - orator
oper/ë -a - opera

P
pak - a little
pak bukë - some bread

palë (një) - a pair
pallat-i - building
pallati i kongreseve - palace of the
    congress
pallati i kulturës - palace of culture
pallua (palloi) - peacock
pambuk-u - cotton
pamje - sight, view
panjë-a - maple tree
pantallona - pants, trousers
papagall-i - parrot
papritur (i, e) - sudden, unexpected
paqe - peace
para - money
para së gjithash - first of all
park zoologjik - zoo (zoological
    park)
parkojmë (ku mund të ~...?) -
where can we park...?
pas (~ ministrit)- after (after the
    minister)
pasdreke - afternoon
pasi - after
pasi lanë - after they left
pastajmë (i, e) - subsequent
pastruese - housekeeper, maid
pasur (i, e) - rich
patat/e-ja(pl. patate-t) - potatoes
patjetër - certainly, surely
pazari i fshatarëve - the farmer's
    market
pellg-u - pool
pemë të egëra - wild fruits
pensionist-i (m.) - retiree
pensionist/e-ja (f.) - retiree
periudhë-a - period
peshk-u - fish
peshkim - fishing
petrit-i - hawk
pëlqej - to enjoy, to like
për - for
për paqen - for peace
për shembull - for example
për sonte - for tonight

për t'u shlodhur - to rest
për të pirë - to drink
përballë - in front
përdor - to use
përgatitem - to prepare oneself
përgatitje - preparation
përgëzime - congratulations, wishes
përgëzoj - to congratulate, to wish
përgjegjës - manager
përgjigjem - to answer
përgjithshëm (i, e) - general
përkrahur (i, e) - supported
përkthim-i - translation
përkthyes (m.) - translator, interpreter
përkthyese (f) - translator, interpreter
përkthyesë - translators
përnjëherësh - all of a sudden
përpiqem - to try
përpunim-i - elaboration
përpunoj - to elaborate
përsëri - again
përsëris - to repeat
përshëndetem - to greet, to hail
përshtypj/e-a (bëj ~) - impression (to
        impress)
përsipër - above
përzëmërt (i, e) - cordial
pije - drinks
pikërisht - just
pjekur (i, e) - ripe
pjeshkë - peach
plaçkë-a - stuff, things
plaçkit - to loot, to pillage
plagosur (i, e) - wounded
plakë-a - old lady
plot dritë - full of light
po - yes
po ju - and you?
po shkoj - I am going
po të keni nevojë - if you need
po të vish për vizitë - if you came for a
        visit
poemë-a - poem
politikan-i - politician
por - but
porosi-a - order

porosis - to order
porositni i pari - you order first
porositur (kemi ~) - have ordered
porsa - just as, just now
porsa dolën - they just left
posi jo - why not, sure
postë-a - post office
postoj - to mail
postoj letrën - to mail the letter
pranë tij - next to him
pranoj - to accept
pranoj - to accept, to agree
pranverë-a - the spring
preferuar (i, e) - preferred, favorite
prej kashte (kapele) - straw hat
premte (e) - Friday
pres - to wait, to expect, to receive
princeshë - princess
prind-i -prindër (prindërit) - parents
prindërit e vjetër - old parents
problem-i - problem, issue
prodhimet e tepërta - extra
        (superfluous) products,
        too many products
program mësimor - school program
programi televiziv - TV program
provoj - to try
prunë (ata)- they brought
pse - why
publik - public
pullë postare - mail stamp
punë-a - work
punëtor-i (m.) - worker
punëtor/e-ja (f.) - worker
pushoj - to rest
pushtues-i - invader
puth dorën - to kiss the hand
pyes - to ask
pyetje-ja (bëj ~) - to ask, to put
forth questions
pyll-i - forest

Q
qaj - to cry
qe - was
qe i tërë dhe i gjallë - he was there

entirely and alive
qejf (kam ~) - I like
qepë-a - onion
qeshur (duke qeshur) - smile (smiling)
qetësohem - to relax
qetësoj - to calm
që andej - from there
që kur - since
që linte pas - that left behind
që nuk u bë - unrealized
që përdoren - that are used
që s'ka shok - indispensable
që vijon - following
qëndroj - to stay up
qiell-i - the sky
qindra - hundreds
qoshk-u - news stand
quajnë (atë e) - his name is
quajnë (të)- your name is
quhet - is called
qyqe-ja - cuckoo (here: lonesome lady)

R
rasti (kur paraqitet ~) - occasion (when
the occasion presents itself, when there is
    a chance)
re (e) f. - young
recetë - prescription
repart-i - department
republikë-a - republic
revistë-a - magazine
rezervoj - to make a reservation
rezervuar (kemi ~) - have reserved
rëndësishëm (i, e)- important
ri (i) m. - young
rilindas-i - representative of the Albanian
    Renaissance
rilindje-a - revival, rebirth

RR
rreth e qark - all around
rreth një tavoline - around the table
rrethinë - to contemplate
rrethoj - to surround
rrethuar (i, e) - surrounded
rrëmbyeshëm (i, e) - torrential

rrëzë një kodre - on hillside
rri - to stay
rri shtrirë - lay down
rrumbullakët (i, e) - round
rrush-i (pl. rrushtë) - grape

S
sa është ora - what time is it?
sa kushton - how much is it? How
much does it cost?
sa më mirë - as best as I can
sa më shpesh - as often as you can
sa mirë - how good, so nice
sa mirë - very well, so good
saj (i, e) - hers
sallat e bibliotekës - halls of library
sallatë zarzavatesh, frutash etj. -
vegetable salad, fruit salad etc.
sallatë-a - salad
sallë shkencore - science hall
se (sepse) - because
se - that
sekond/ë-a - second
serb - Serbian
së shpejti - soon
sëmurem - to become sick
sëmurë (i, e) - ill, sick
sërish - again
si - how
si breshër - like hailstones
si çilimi - like a child
si jeni? - how are you?
si më rri? - how does it look?
si ndjeheni? - how do you feel?
si pushuat ? - how did you rest?
si quhen? - what are the names,
how do you call?
si të dëshironi - as you like it, as
    you wish
si thoni? - what do you think?
siç e ke vënë re edhe vetë - as you
    have noticed yourself
sistematikisht - systematically
sjell - to bring
sjellje - manners
skuq - to roast

212

sodis - to gaze, to contemplate, to look
solli gjellët - brought the dishes (meals)
sot - today
sotëm (i, e) - today's, contemporary
spinaq - spinach
sportiv - running
sqarim-i - clarification
stacioni i trenit - railroad station
statujë-ja - statue
stol - stool
studim-i - studying
sundimi turk - Turkish rule
sup-i - shoulder
supë-a - soup
sypetrit - hawk-eyed
syshqiponjë - eagle-eyed
sytë i mbushen me lotë -to get teary-eyed

SH

shaka-ja (bëj ~)- joking, kidding
shatërvan-i - fountain
shegë - pomegranate
sheh endërr - to dream
shes - to sell
shesh-i - square
shënim - note
shërbehet - is served
shërbej - to serve, to wait on (a client)
shëtis - to walk
shëtitje-a- walk
shëtitje (bëj ~) - to take a walk
shfletoj - to go through, to turn the
pages, to look over
shi (bie ~) - it's raining
shi-u (pl. def. shirat) - rain
shigjetë-a - arrow
shijshëm (i, e) - tasty , delicious
shitës - seller
shkel - to occupy
shkencat e natyrës - natural sciences
shkencat politiko shoqërore -
political and social sciences
shkëlqej (shkëlqeva) - to light up, to
grow brighter
shkëlqyer (i, e) - shiny, splendid,

wonderful
shkoj (shkova)- to go
shkoj me autobuz - to go by bus
shkojmë në restorant - let's go to the
restaurant
shkollë e mesme - high school
shkollë fillore - elementary school
shkon në kopsht - goes to
kindergarten
shkon në shkollë - goes to school
shkruaj - to write
shkuan për të parë - went to see,
to visit
shkurtër (i, e) - short, brief, curt
shndritshme (e) (f.) - shiny,
splendid
shndritshëm (i) (m.) - shiny,
splendid
shoh (ai sheh) - to look, to see
shok i fëminisë - childhood friend
shok-u - friend, comrade
shokët e klasës - classmates
shoq/e-ja (f.) - friend
shoqëroj - to accompany
shpatë - sword
shpellë-a - cave
shpend grabitqar - bird of prey
shpesh - often
shpie (çoj) - to bring, to carry
shpjegim-i - explanation
shpjegoj - to explain
shprehje - expression
shpresoj - to hope
shqetësohem - to worry about
shqetësoj - to trouble, to alarm,
shqip - Albanian
shqipe/shqiponjë - eagle
Shqipëri-ja - Albania
shqiptar (m.) - Albanian
shqiptare (f.) - Albanian
shqiptare (plural f.)- Albanians
shqiptarë (plural m.) - Albanians
shqiptarë etnikë - ethnic Albanians
shquar (i, e) - prominent
shtet - state

213

shtëpi-a (bëj ~) - to build houses
shtëpi-a - home, house
shtrenjtë (i, e) - expensive
shtrihem - to lay down
shtroj - to put forward
shtunë (e) - Saturday
shtunë-a (e), të shtunave - Saturday, on
       Saturdays
shtyp - to oppress
shtyp i lirë - free press
shtyp-i - press
shumë - very (too much)
shumë mirë - very good
shumëngjyrësh - multi-colored, colorful

T
takim-i - meeting
takohem - to meet
takoj - to meet somebody
tani - now
tani ikim - now let's go
tarracë-a - terrace
tavolin/ë-a - table
teatri i operës dhe i baletit - theater of
      opera and ballet
tejdukshëm (i) (m.) - clear, transparent
tejdukshme (e) (f) - clear, transparent
tek qoshja - on the corner
telefon automatik - automatic telephone
(automated telephone)
telefonoj - to call
telegram-i - telegram
temperaturë - temperature
termometër - thermometer
të kisha mundësi - If I could
tërë ditën - all day
tërë vitin - the whole year

TH
them (u tha) - to say, said to them
thënë (kishte ~) - have said
thërras (e thirrën) - to call, they
      called
thonë (i) - is called
ti - you (singular)
tiran-i - tyrant

tiranas - Tirane citizen
tjerë (të) - the others
toskë-a - Tosk
trashëgofshi (u) - may you be
followed (by children)
tregim - story
tregoj - to tell, to indicate, to show
trëndafil-i - rose
trim - brave man
turist (m.) - tourist
turiste (f.) - tourist
turk -u (pl. turq)- Turkish

U
u ka shkruajtur - have written
u krijua - was created
udhëtim - travel, journey, trip
udhëtim-i (bëj ~) - take a trip,
udhëtoj - to travel
ujë i ngrohtë - warm water
ujk-u (ujq) - wolf, wolves
ulem - to sit down
uluni - sit down
universitet-i - university
urdhëroni çelësin - here is the key
urgjent - urgently
uri-a - hunger
uri (kam ~) - I am hungry
urim-i (bëj ~, uroj) - wish (to wish)
urime - congratulations, wishes
uroj - to wish, to congratulate
urryer (i, e) - odious, hateful
ushqehem - to eat (lit. to feed
      oneself)
ushqej - to breed
ushqim-i - food

V
vajzë-a - girl
vallëzoj - to dance
valon - to flutter
varem - to hang
varfër (i, e) - poor
varg-vargje - verse
vatër-a - fireplace

vazhdimisht - continuously
veçanërisht - particularly
vendin tonë - our country
vendit (i, e) - local, native
vendosën të shkonin - they decided to go
verore - summer's
vesh - to dress
veshur me çelik - in a suit of armor
vëllai (i) - (his, her) brother
ëllezërit tanë - our brethren
vërtet - really, indeed
vështirë (është) - it's difficult, it's hard
vështirë (i, e) - difficult
vij (vjen) - to come
vijoj - to follow
vini termometrin - put the thermometer
vishem - to dress oneself
vit-i - year
vizitë-a (bëj ~) - visit (to visit)
vizitoj - to visit, to see, to check
vjershë-a - poetry
vjeshtë-a - fall, autumn
vjetër (i, e) - old
vogël (i, e) - little, small
vogël (i, e) - too small
vonë (është) - it is late
vrarë (i, e) - killed, dead
vrenjt sytë - to blink
vrullshëm - vigorously

X
xixë-a - sparkle
xixëllues - sparkling

Y
yll -i (pl. yjet) - star
ynë (i) - ours
yti (i) - yours

Z
zakon-i - costume, habit
zakonisht - usually
zambak-u - lily
zarf-i - envelope
zarzavate - green, vegetable

zbavis - to amuse, to entertain
zbavitem - to amuse, to entertain
    oneself
zbavitje - amusement,
entertainment
zbres - to go down, to decline
zell -i - zeal
zem/ër-ra - heart
zezë (e) f. - black
zë (peshq) - to catch fish
zë (vend) - to get a place
zë-ri - voice
zënë (jam i ~) - to be busy
zënë (ka ~ vend) - is settled
zgjim - waking, rising
zgjoj - to wake up
zgjohem - to wake up
zgjuar (i, e) - clever
zhvillohet - to be held
zhvilloj - to hold, to develop
zi (i) m. - black
zi në blu - deep blue
zjarr-i - fire
zog këngëtar (zogj këngëtarë) -
singing bird
zog-u - bird
zon/ë-a - zone
zonja e shtëpisë - hostess
zot - lord
zoti (i) - able, talented
zviceran -i - Swiss
zyr/ë -a - office, bureau
zyra e postës - post office
zyrtarisht - officially

The castle of Kruje.

PART A

PHONETICS OF ALBANIAN

THE LETTERS OF THE ALBANIAN ALPHABET AND THEIR PRONUNCIATION
(Track01)

The Albanian language uses the Latin alphabet. There are 36 letters that correspond to the 36 sounds (7 vowels and 29 consonants). Seven of them (dh, gj, nj, sh, th, xh, zh) are letter combinations. Unlike many European languages, Albanian words have no silent letters and letters are pronounced only one way. The correct pronunciation of the letters, therefore, provides the right pronunciation of the words.

For spelling purposes the consonants are pronounced with a following ë, (a sound like *e* in English *winter*), e.g. *bë, cë, dë,* etc.

The letters of the Albanian alphabet are:

a, b, c, ç, d, dh, e, ë, f, g, gj, h, i, j, k, l, ll, m, n, nj, o, p, q, r, rr, s, sh, t, th, u, v, x, xh, y, z, zh.

Of these, *a, e, ë, i, o, u, y* are wovels and the remainder are consonants.

We will now analize the vowels and consonants of modern literary Albanian. There are two main dialects in Albanian: **gegë** or northern dialect and **toskë** or southern dialect. This later one is used now as the modern literary Albanian. The **gegë** dialect is also in use in Albania and among Albanians living outside Albania's territory (Kosovo, Macedonia, Montenegro).

1. THE PRONUNCIATION OF THE VOWELS
(Track02)

As mentioned above, Albanian is a phonetic language. Every letter must be distinctly and clearly pronounced.

The vowels *a, e, ë, i, o, u, y* are pronounced like their English equivalents in the following words:

> **a** - babà (father) - like the **a** in father,
> **e** - emër (name) - like the **e** in technique,
> **ë** - nënë (mother) - like the **u** in nurse or like the **e** in father,
> **i** - mìrë (good)- like the **ee** in sleep,
> **o** - sport (sport)- like the **o** in port,
> **u** - frut (fruit) - like the **oo** in food,
> **y** - yll (star) - approximately like **u** in avenue (French **u**).

Except for the **y,** all of the Albanian vowel sounds are present in English. Unlike English, however, the vowels in Albanian are always pronounced in one way, no matter where they occur. If stressed, naturally, they are a little bit longer and crispier.

Here are more examples and exercises for each wovel's sound:

a is like *a* in English *ah* or *ha-ha* (only shorter):

aleát - ally   ambasadór -ambassador   kapitalíst – capitalist

Exercise 1:
Listen and repeat these Albanian words:

taní - now   labirínt - labyrinth   radikál - radikál
gabím - error   fabríkë - factory   dállgë - wave
fatál - fatal   marshím - march   sallám - salami

e is like the *e* in the English word *get* :

mbret - king   létër - letter   tétë - eight

Exercise 2:
Listen and repeat these Albanian words:

bébe - baby   betón - beton   debát - debate
éc - go   ekzémë - eczema   fétë - slice
gérmë-character   metál - metal   perfeksión - perfection

i is like *i* in English *shipping*:

idé - idea   iluzión - illusion   índéx – index

Exercise 3:
Listen and repeat these Albanian words:

kilovát - kilowatt   limón - lemon   minerál - mineral
mírë - good   pirát - pirat   riní - youth
ritmík - rhythmic   simból - symbol   shíshe - bottle

o is like the *o* in the English word *sport*:

olimpik - olympic   oksigjén - oxygen   pórtë - door

Exercise 4:
Listen and repeat these Albanian words:

modérn - modern   moçál - swamp   notér - notary
normál - normal   politikán - politician   popull - people
shok - fellow   shkollë - school   tokë - earth

ë is like the *u* in the English word *nurse*
or last *e* in *theater*:

ëndërr - dream   ëmbëlsìsht - tenderly   bëj - to do

Exercise 5:
Listen and repeat these Albanian words:

çështje - question   dëshìrë - desire   dìmër - winter

218

fòlës - speaker	këngë - song	lëndòj - to hurt
njëzèt - twenty	rrëmùjë - confusion	shpërthìm - breaking

The **u** and **y**, especially the last one, are the two vowels that present the greatest challenge to English-speaking people.

u is pronounced always as the English *oo*
in *food* or *u* in *rule*.

m**u**r - wall	f**u**rt**u**në - fortune	zh**u**rmë – noice

Exercise 6:
Listen and repeat these Albanian words:

p**u**në - job	m**u**rg - monk	m**u**rm**u**rímë - murmur
k**u**llë - tower	k**u**lt**u**rë - culture	p**u**pël - feather
g**u**r - stone	d**u**sh - shower	h**u**ndë - nose

The vowel **y** is pronounced approximately like the **u** in *avenue* or *menu*.
In the French pronunciation of these words you can hear the pure **y**, identical to the sound **y** in Albanian.

yll - star	**y**lbér - rainbow	**y**ndyrë – grease

In English there is no sound that is similar to the Albanian **y**. The best way to pronounce it is to be prepared to say **u,** or to round your lips as if to whistle and at the last moment "to change mind" and say **i** (like **i** in *shipping* or **ee** in sh**ee**p). Otherwise, you can pronounce a sound between **u** and **i** in pronouncing the Albanian **y**. If you cannot master the pronunciation of the vowel, pronounce it as the **i** in *filling*. In some Albanian tongues (e. g. Argirocastra) this sound is pronounced like **i**.

Exercise 7:
Listen and repeat these Albanian words:

yni - ours	b**y**rék - pie	b**y**ró - bureau
f**y**t – throat	d**y**shím - double	d**y**físh - twofold
g**y**p - pipe	gj**y**sh – grandfather	k**y**ç - key

We can conclude our discussion by saying that the vowels of Albanian are pronounced like their counterparts in Romance languages or Esperanto.

2. THE PRONUNCIATION OF THE CONSONANTS
(Track03)

The consonants **b, c, ç, d, dh, f, g, gj, h, j, k, l, ll, m, n, nj, p, q, r, rr, s, sh, t, th, v, x, xh, z , zh** in most cases are pronounced like their English equivalents in these words:

    b - **b**abà (father) – like the *b* in *ballad*,
    c - **c**igàre (cigarette) - like the *ts* in ***tsetse*** disease,

219

ç - **ç**aj (tea) - like the *ch* in *much*,

d - **d**àjë (uncle) - like the *d* in *deal*,

dh - **dh**òmë (room) - like the *th* in *then*,

f - **f**abrìkë (factory) - like the *f* in *false*,

g - **g**ur (stone), - like the *g* in *game*,

gj - **gj**ùhë (language) - there is no sound like this in English, but you can
                      pronounce it like the *gi* in *give*.

h - **h**àrtë (map) - like the *h* in *hard*,

j - **j**ètë (life) - like the *y* in *yacht*,

k - **k**arvàn (convoy) - like the *c* in *camera*,

l - **l**egjèndë (legend) - like the *l* in *liver*,

ll - **ll**otarì (lottery) - like the *ll* in *hill*,

m - **m**amà (mother) - like the *m* in *match,*

n - **n**ormàl (normaly) - like the **n** in *nurse*,

nj - **nj**erì (men) - like the *ni* in *onion*,

p - **p**artì (party) - like the *p* in *partner*,

q - **q**àrtë (clearly) - there is no sound similiar to the Albanian *q* in English, but you
                      can pronounce it like *cky* (kj) in *stockyard*.

r - **r**eaksiòn (reaction) - like the *r* in *robot*,

rr - **rr**òtë (wheel) - like the *rr* in *"hurrah,"*

s - **s**andàle (sandal) - like the *s* in *side*,

sh - **sh**kòllë (school) - like the *sh* in *shop*,

t - **t**itull (title) - like the *t* in *time,*

th - **th**ùa (nail) - like the *th* in *thief,*

v - **v**èrë (summer) - like the *v* in *vague*,

z - **z**èmër (heart) - like the *z* in *zenith*,

zh - **zh**ùrmë (noise) - like the *s* in *vision*,

x - **x**nxënës (pupil) - like the *dz* in Shevernad*z*e ,

xh - **xh**akètë (jacket) - like the *j* in *jolly*.

The Albanian consonants: **b, ç, d, f, g, h, j, k, l, ll, m, n, nj, p, r, rr, s, sh, t, th, v, z, xh** do have their equivalents in English. Below are examples and exercises for each of them. (Track04)

b is like the *b* in *bread*:

búkë - bread	a**b**solút - absolute	a**b**strákt - abstract

Exercise 8:
Listen and repeat these Albanian words:

bagázh - baggage	de**b**át - debate	fa**b**ríkë - factory
ga**b**ím - error	ha**b**í - surprise	ka**b**inét - cabinet
lí**b**ër - book	m**b**iémër - adjective	plum**b** – lead

c is like the *ts* in **tsetse** desease

car - tsar	cenzurë - censure	cicërrimë – chirp

Exercise 9:

Listen and repeat these Albanian words:

cigare- cigarette	ciklop - cyclop	cilindër - cylinder
copë - piece	civil - civilian	ciklon - cyclone
cili - who	bacil - bacillus	cipë - membrane

ç is like the *ch* in *check*:

çantë - handbag	çarçáf - sheet	çfárë – what

Exercise 10:
Listen and repeat these Albanian words:

féçkë - trunc	çatí roof	çekán - hammer
çélës - key	çízme - boot	çibúk - smoking pipe
çerék - quarter	çift – couple	çézmë - fountain

d is like the *d* in *dear*:

dafínë - laurel	det - sea	dépo —+ storehouse

Exercise 11:
Listen and repeat these Albanian words:

dijetár - savant	modém - modem	modést - modest
studím - study	parádë - parade	pardjé - yesterday
húndë - nose	dérë - door	standárd – standard

dh is like the sound *th* in the English word *their*:

dhanòre – dative	dhe – earth	dhèlpër – fox

Exercise 12:
Listen and repeat these Albanian words:

dhi – she-got	dhëmb – tooth	dhòmë – room
èdhe – and	gjedh – cattle	madhërì – majesty
dhìmbje – pain	rrùdhë – wrinkle	ùdhë - road

f is like the *f* in *fame*:

fajkúa - hawk	fámë - fame	famílje – family

Exercise 13:
Listen and repeat these Albanian words:

farkë – forge	flútur - butterfly	fórcë - force
kafé - coffe	káfkë - cranium	kafshím - bite
qáfë - neck	safí - pure	sifón - siphon

g is like the *g* in *garden*:

garázh - garage	gardh - fence	gazétë – newspaper

Exercise 14:

Listen and repeat these Albanian words:

lag - to wet	lúgë - spoon	lagështí - humidity
magnét - magnet	magazínë - depot	mugëtírë - twilight
gójë - mouth	tógë - platoon	togèr - lieutenant

h is like the *h* in *hair*:

hangár - hangar	hap - to open	hark – arch

Exercise 15:
Listen and repeat these Albanian words:

hékur - iron	heró - hero	híje - shadow
kóhë - time	krah - arm	kohezión - cohesion
nuhás - to smell	rráhje - beating	sahàt - clock

j is like the sound *y* in the English word *yacht*:

jam – I am	jastëk – pillow	Nju-Jòrk – New York

Exercise 16:
Listen and repeat these Albanian words:

jàvë – week	jètë – life	jetìm – orphan
jug – south	jùtë – jute	jurì – jury
jezuìt - jeszuit	ùjë – water	màjë – peak

k is like the sound *q* in the English word *quadrat*:

kafàz – cage	kàlë – horse	keq – bad

Exercise 17:
Listen and repeat these Albanian words:

këmbë – foot	kòkë – head	komìk – comic
kredì – credit	kujtìm – memory	kur – when
mjek – physician	pak – few	tàksë - tax

l is like the *l* in the English word *land*:

kàlë – horse	kalìbe – hut	laboratòr – laboratory

Exercise 18:
Listen and repeat these Albanian words:

laureàt – laureate	lèckë – rug	lexùes – reader
lëkùndje – shake	lìbër – book	ligj – law
mal – mountain	ngjàlë – eel	oligarkì – oligarchy

ll is like *l* in English word *mill*:

bllok – block	dàllgë – wave	fill – thread

Exercise 19:
Listen and repeat these Albanian words:

kallëp – mould   kàllo – callus   mall – nostalgia
mullì – mill   njòllë – spot   pllàjë – plateau
rràllë – rarely   sallàm – salamy   vàlle – dance

m is like the *m* in the English word *man*:
màce – cat   **m**agjik – magic   **m**akaròna – macaroni

Exercise 20:
Listen and repeat these Albanian words:
mbràpa – behind   **m**èshë – mass   **m**ekanìk – mechanic
mirë – good   **m**ish – meat   ndih**m**ë – help
sul**m** – assault   the**m** – to say   the**m**èl – base

n is like the *n* in the English word *never*:
nàftë – naphtha   **n**am – fame   **n**dàrje – division

Exercise 21:
Listen and repeat these Albanian words:

ndjènjë – feeling   **n**uk – not   **n**yjë – article
à**n**ë – side   è**n**ë – utensil   dhù**n**ë – violence
fu**n**d – bottom   kë**n**d – angle   kë**n**gë – song

nj is like the *n(e)* in the English word *new* (**ny-oo**):
njeri – men   **nj**ë – one   **nj**ëjës – singular

Exercise 22:
Listen and repeat these Albanian words:

njoh – to know   bà**nj**ë – bath   bo**nj**àk – orphan
bri**nj**ë – hillside   fi**nj**ë – lye   ë**nj**tje – swelling
li**nj**ë – line   li**nj**ìt – lignite   kolò**nj**ë – Cologne

p is like the *p* in the English word *pope*:
    (Track05)
pakt – pact   **p**àlë – pair   **p**allàt – palace

Exercise 23:
Listen and repeat these Albanian words:

peshk – fish   **p**ersòn – person   **p**ërdhè – dawn
pikë – drop   **p**ipë – pipe   **p**jàtë – plate
qè**p**ë – onion   ti**p** – type   tru**p** – body

r is like the *r* in the English word *rabbit*:

ràdio – radio   rakètë – racket   rebèl – rebel

Exercise 24:
Listen and repeat these Albanian words:

rërë – sand   rìmë – rhyme   rivàl – rival
rob – prisoner   rubìn – ruby   ar – gold
dèrë – door   fàrë – seed   mur – wall

rr is like the r in the English word *hurry*:
rràthë – circles   rrèckë – rag   rrëfìm – confession

Exercise 25:
Listen and repeat these Albanian words:

rroj – to live   rrùgë – street   àrrë – walnut
bàrrë – burden   kërràbë – crook   màrrës – receiver
rrèze- beam   terr – darkness   urrèj – to hate

s is like the *s* in the English word *sailor*:
sallàtë – salad   serùm – serum   sërìsh – again

Exercise 26:
Listen and repeat these Albanian words:

sìpër – above   sòdë – soda   askùsh – nobody
bastìs – to raid   pèsë – five   shes – to sell
tas – bowl   ustà – master   vonèsë – delay

sh is like the *sh* in the English word *shine*:
shàrrë – saw   shènjë – mark   shesh – square

Exercise 27:
Listen and repeat these Albanian words:

shije – taste   shkas – pretext   shërìm – recovery
fàshë – band   gisht – finger   màshkull – male
pìshë – pine   rrush – grape   oshëtìmë – echo

t is like the *t* in the English word *time*:
tablèt – tablet   tanì – now   tèkst – text

Exercise 28:
Listen and repeat these Albanian words:

tùrrë – pile   tìgër – tiger   tërmèt – earthquake
atòm – atom   baterì – battery   dàtë – date
gòtë – glass   utopì – utopy   vizìtë – visit

th is like the *th* in the English word *thick*:

thaj – to dry   thelb – kernel   thelë – slice

Exercise 29:
Listen and repeat these Albanian words:

thìkë – knife	thirrje – call	thumb – dart
èthe – fever	thyesë – fraction	qèthje – hair cut
vëth – ring	bàthë – bean	thes – sack

v is like the *v* in the English word *very*:

vaj – oil   vàlë – wave   vdèkje – death

Exercise30:
Listen and repeat these Albanian words:

vel – sail	vend – place	vetëm – alone
vigàn – giant	vònë – late	vullkàn – volcano
avùll – steam	bràvë – lock	druvàr – woodman

z is like the *z* in the English word *zebra*:

zarf – envelope   zèmër – heart   zë – voice

Exercise 31:
Listen and repeat these Albanian words:

zyrë – office	zànë - fairy	azìl – asylum
azòt – azote	bùzë – lip	ezmèr – brunette
filìz – offspring	zell – zeal	vèzë – egg

zh is like the *s* in the English word vision:

zhàbë – toad   zhapì – lizard   zhargòn – jargon

Exercise 32:
Listen and repeat these Albanian words:

zhilè – vest	zhìvë - mercury	zhurì – jury
zhytës – diver	bèzhë – beige	zhvesh - to undress
zhùrmë – noise l	èvòzhgë – shell	vëzhgùes – observer

x is like the sound *dz* in the English word *adzuki bean* (ad-zooke):

xing – zinc   xìxë – spark   xixëllòn – to spark

Exercise 33:
Listen and repeat these Albanian words:

xùnkth – rush	xeheròr – mineral	xixëllònjë – fire-fly
nxënës – pupil	nxitìm – harry	nxjerr – to pull off

nxë – to hold	nxeh – to heat	xùrxull - drunk

xh is like *j* in English word *John*:

xhaxhà – uncle	xhep – pocket	xhentìl – polite

Exercise 34:

Listen and repeat these Albanian words:

xhùngël – jungle	buxhèt – budget	axhustòj – to adjust
hòxhë – muezzin	bàxhë – sky-light	bixhòz – gambling
tunxh – brass	xhìro – walk	xhips – jeep

There are no exact equivalent sounds for Albanian consonants **gj** and **q**. They are affricates, **gj** – voiced palatal, and **q** - voiceless palatal.

Gj is pronounced very similar to the *g* sound in the English word *gender*. You can pronounce **gj** like *gi* in *given*.

gjah – hunting	gjahtar – hunter	gjak – blood

Exercise 35:

Listen and repeat these Albanian words:

gjel – cock	gjuhë – tongue	gjerdàn – necklace
gjùmë – sleep	gjykàtë – tribunal n	gjyrë – color
tagji – fodder	agjènt – agent	agjitaciòn - agitation

There is no exact equivalent to the Albanian *q* in English, but you can pronounce it like *cky* (kj) sound in *stockyard* or the simple *k* sound. In time you will be able to distinguish the Albanian **q**. During the pronunciation of the **q** sound, the tongue touches not the front teeth (as in pronunciation of the voiceless affricate **ç**), but touches the center of palate. In some Albanian areas of the north **q** is pronounced like **ç** (qeni /the dog/ – çeni) or like **k** (*unë kam qenë* /I have been/ – *unë kam kenë*)

qaj – to cry	qesh – to smile	qen – dog

Exercise 36:

Listen and repeat these Albanian words:

qùmësht – milk	qàfë – neck	qìme – hair
qìell – sky	qyp – jar	qytèt – city
ndreq – to repair	qèndër – center	qèpë - onion

3.THE DIPHTONGS
(Track 06)

The following vowel combinations and diphthongs are frequently used in Albanian:

ai, au, ei, eu, ia, ie io, iu, oi, ua.

The diphthongs are combinations of wovels, involving **i** and **u**. All the Albanian combinations of vowels and diphthongs are present in English. The only difference is that you have to pronounce equally clearly and in one way both vowels involved in a diphthong or vowel combination. Here are some examples:

226

ai – Thom**ai** (the Thomas),
au – tr**au** (the rafter),
ei – Hemingu**ei** (The Hemingway),
eu – kerc**eu** (sprung),
ia - Il**ia** (The Eli),
ie – ndi**ej** (to feel),
io – ki**o**sk (kiosk),
iu – ver**iu** (the North),
oi – shk**oi** (went),
ua – perr**ua** (stream),
ue – fit**ue**s (winner),

Exercise 36:
Listen and repeat these Albanian words:

nd**au** (have divided)	l**eu** (was born)
lir**ia** (the freedom)	perz**iej** (to mix)
devoc**io**n (devotion)	njer**iu** (tha man)
fit**oi** (won)	ft**ua** (quince)
pusht**ue**s (conqueror)	dh**ia** (the she-goat)
Brodu**ei** (The Broadway)	gr**ua** (woman)

4. THE STRESS
(Track 07)

According to the stress Albanian word are classified in following categories:

a) oxytones, or stressed in the last syllable: *qytèt (city), gjerdàn (necklace), tagjì (fodder) etc.*,

b) paraoxytone, or stressed on the next to the last: *zhùrmë (noise), qèndër (centre), qèpë (onion), thìkë (knife), shkòllë (school), zèmër (heart), jètë (life), tìtull (title), vèrë (summer),etc.* ,

c) proparaoxytones, or stressed on the third from the last: *vàjzave (daughters), prìshjani (destroy it), ndërprìteni (stop it)* etc. Proparaoxytones are not frequent.

The most frequent are paraoxytones and then oxytones. The stress is marked only for teaching purposes.

Usually the accent remains unchangeable, for example: *shkòllë* (school) - *shkòlla, zèmër* (heart) - *zèmra, jètë* (life) - *jèta, tìtull* (title) - *tìtulli.*

5. INTONATION
(Track 08)

The intonation in Albanian is almost the same as in other European languages, especially Romance and Esperanto languages. Intonation is more fluent and smooth in Albanian than in English, where there are too many stops. Don't forget that the speaking apparatus is not so stressed in Albanian as it is in English.

Here are some examples for comparison:

Marini është gazetar. Edhe Xhoni është gazetar. Ai është amerikan. Ai po mëson shqip. Marini e ndihmon shpesh Xhonin të mësojë shqip.

Marin is a reporter. John too is a reporter. He is American. He is learning Albanian. Marin often helps John to learn Albanian.

PART B

In this section we recorded the readings of the first nine lessons. Find the page in the textbook and follow it as you listen to the CD.

PART C
FREE READINGS

1. SAMI FRASHERI
Çfarë ka qenë Shqipëria?
What Has Albania Been?
(Track9)

The following excerpt is from "Albania: What it Was, What it Is, and What Will it Be?" written by Sami Frasheri, one of the most prominent representatives of the Albanian Renaissance.

Shqipëri i thonë gjithë atij vendi, ku rrojnë shqiptarët. Shqiptarët janë më i vjetri i kombeve të Evropës. Duket që këta erdhën më parë se të gjithë prej mesit të Azisë në Evropë; dhe këta prunë në këtë vend ditjen e të bërit shtëpi me mur si edhe diturinë e të lëruarit, të mbjellit e të korrurit; se ata njerëz, që gjendeshin para tyre në Evropë, ishin të egjër e rronin nëpër pyje e nëpër shpella, duke u ushqyer me pemë të egëra e me mish gjahu.

Prandaj prindërit tanë të vjetër u quajtën Arbën, fjalë të cilën ne, toskët, sipas zakonit tonë që bëjmë *n* në *r*, e kthyem në Arbër, sikundër e përdorim edhe sot. Domethënë ky komb kaq i vjetër quhesh që atëherë Arbën ose Arban, domethënë ata që punojnë arën, që korrin e mbjellin. Këtë fjalë romakët e kanë kthyer në Alban duke e quajtur edhe vendin e tyre Albania, sikundër i thonë edhe sot evropianët. Grekët e pastajmë na thanë Arvanit, duke kthyer prapë *l*-në në *r*, dhe nga kjo fjalë e grekërve turqit kanë bërë fjalën Arnaut, sikundër na quajnë edhe sot... (Tani) kombi i tërë ka marrë emrin shqiptar e vendi ynë Shqipëri, fjalë të bëra prej shqipes, zogut të bekuar të Hyjit, që i faleshin prindërit tanë të vjetër dhe fytyrën e të cilit e kishim në flamur. Por kjo fjalë duket të mos jetë shumë e vjetër e të mos ketë qenë që në kryet e përgjithshme, se vëllezërit tanë, që rrojnë jashtë Shqipërisë, në Itali, në Greqi e gjetkë, nuk e dinë, por quhen Arbër...
(Pershtatur në gjuhën e sotme shqipe).

Translation:

Albania is the place where Albanians live. Albanians are among the oldest peoples of Europe. It seems that they were the first to move from Asia and settle in Europe, bringing with them the knowledge of building houses as well as the skills in plowing the soil, planting and harvesting. The peoples that existed before them in Europe were wild and lived in the woods and in caves, eating wild fruits and meat from the hunt.

So our ancestors were called Arben, a word that we, the Tosks, by changing the n into an r, coined Arber, used as such to this date. The ancient nation called itself Arber or Arban, which meant people who worked the fields. The word was later changed to Alban by the Romans, who called the land Albania, as is it called today by Europeans. The Greeks called us Arvanit, by changing the letter l into an r and from this Greek word the Turks created Arnaut, which they still use today. The word Shqiptar and Shqipëri are Albanian words that come from the blessed bird our ancestors prayed to whose image is used in their flag. The word must not be too old since our brethren in the diaspora, Italy, Greece and other places do not know it and still call themselves Arbër.

2. NAIM FRASHERI

"O malet e Shqipërisë"
"You Albania's Mountains"
(Track10)
The following excerpt is from the poem "Cattle and Agriculture" written by Naim Frasheri, the most prominent representatives of the Albanian Renaissance.

O malet e Shqipërisë! e ju o lisat e gjatë!
Fushat e gjera me lule, që u kam ndër mënt dit' e natë.
Ju bregore bukuroshe e ju lumënjt' e kulluar,
Çuka, kodra, brinja, gërxhe dhe pyje të gjelbëruar...
Ti Shqipëri më ep nder, më ep emrin shqipëtar,
Zëmërën ti ma gatove plot me dëshirë dhe me zjarr...
Shqipëri, o mëma ima, ndonëse jam i mërguar,
Dashurinë tënde kurrë zemëra s'e ka harruar.

Translation:
You, mountains of Albania, you mighty oak trees,
You large fields, plenty of flowers, that in mind I bear.
Rivers with crystal water and you soft hillocks,
Verdant forests, summits, hillsides and slopes...
Albania, you give me the honor Albanian to be,
With desire and warmth having molded me!...
Albania, my motherland, although in exile
My love for you is everlasting in time!
(Translated by Ç. Kurti)

ADELINA GINA

Pjesë e shkëputur (1) nga Novela: "Ku e Çuat Shpetimin", Kurti Publishing, New York 2004. Excerpt from the novel: "What you have done to him?"
(Track11)
Erdhi nata, dritaret dhe dyert ishin të gjitha hapur, dritat ishin të gjitha ndezur. Çdo gjë tregonte për një shkatërrim të madh. Fillova të kthjellohem. Ana qëndronte pranë meje. Kishte ardhur vetë, drejt e nga Tirana. "Ata të punës nuk më muarën", tha ajo. Ishte fjala për ata të Televizonit që erdhën në varrim. Unë hyra në dhomën e tij, nuk kishte njeri, mora një valixhe, aty ishte gjithë puna e tij, e hapa. Sa i rregullt ishte: dosje me shkrime të ndryshme, të sistemuara bukur, pastër, shënimet në një bllok më vete, deri penat, vizoret, gomat, prefset e lapsave, të gjitha të vendosura me rregull. Nuk e nxora nga dera kryesore, por nga dritarja, shtëpia ishte njëkatëshe. E fsheha në shtëpinë e fqinjës, ajo na kishte hapur shtëpinë. "Çfarë po bën kështu? - më tha Ana. "Shpëtimi nuk ka vdekur aksidentalisht. Kjo është dora e Sigurimit të Shtetit. E ka vrarë Sigurimi", thashë unë. Ky ishte mendimi i parë që më erdhi atë natë. "Nuk është aksidentale, thosha me vete, ai nuk mund të vdiste kështu. Duhen ruajtur shkrimet. Askush nuk duhet ta dijë se ato janë këtu". As vetë nuk e di pse mendova kështu. Mbase në trurin tim u bënë ca lidhje, kaluan disa ngjarje.

When the night came, the windows and doors were left open and the lights were on. Everything spoke of a big disaster. I started to think better. Ana was near me. She came by herself from Tirana. "The people from work didn't want to take me with them,"- she said. She was talking about the people that worked in the Radio-Television center who had come to the funeral. I went in Shpëtim's room. It was empty. I took out a luggage where all his work was in and opened it. He was so organized: folders that contained various writings, his notes in a separate notebook, his pens, rulers, erasers, all organized very well. I took the luggage with me outside. I didn't use the front door to get out; I got out from the window and hid it in my neighbor's house.

"What are you doing?" - Ana asked.

"Shpëtim did not die accidentally. This is the work of The Country's Security, Security killed him," –I said. That was the first thought that I had that night.

"It wasn't an accident. He couldn't have died that way. His writings must be saved. No one should know that they are here."

I don't know myself why I was thinking that way. Maybe my mind was making some connections with some events that had happened.

ADELINA GINA

Pjese e shkeputur (2) nga Tregimi: "Ku e Çuat Shpetimin", Kurti Publishing, New York 2002.
Excerpt from the novel: "What have you done to him?"
(Track12)

Sapo kanë filluar të ndizen dritat, të kuqe, blu të verdha. Një grup muzikantësh diçka po luajnë tek trotuari, ca dëgjues po duartrokasin. Restorantet buzë rrugës, të rrethuara me lulet e stinës. Është vjeshtë, ka akoma tavolina jashtë. Kudo nëpër fasada reklama, pranë teatrove reklamohen shfaqjet. Një grua ecën me një qen të bukur me ca flokë si dele rude. Ka dhe të tjerë, por mua ky më pëlqen. Kur isha në Shqipëri, Nju Jorkun e përfytyroja vetëm me grataçielë, beton, xham. Isha gabuar. Sa lule ka dhe sa pemë, dhe të gjitha të shëndetëshme. As një dru i shtrëmbër, as një pemë e lulëzuar përgjysmë.

Këtu lulëzimi dhe rënia janë të plota. Unë i dua këto rrugë të Broduejit, rrugë të teatrove dhe të shfaqjeve. Shpëtimi tani do të ishte pesëdhjetë vjeç, një jetë e tërë për të krijuar. E kam qarë si të vdekur, e kam pritur si të gjallë.

Të gjithë këta njerëz diku shkojnë. Ato dy vajzat dikë presin pranë teatrit. Tek ai restoranti nëpër tavolina kanë vënë qirinj, kanë krijuar një mjedis intim romantik. Unë e kam lënë të takohem me fëmijët. Erdhi plotësisht mbrëmja. Shkëlqimi i dritave është i plotë. Të gjithë diku shkojnë. Ku e çuat Shpëtimin?

The blue, yellow and red lights have just started to turn on. There is a small group of musicians singing in the street, surrounded by listeners who are clapping their hands. The restaurants by the street are surrounded by the season's flowers. It's autumn but there are still tables placed outside. There are advertisements everywhere; near the theaters they advertise theater shows. There is a woman walking by with a small dog with a lot of hair. There are many other people walking with their dogs, but I like that small dog the best. When I was in Albania, I would imagine New York being full of skyscrapers made of concrete and glass. I was wrong. There are a lot of flowers and trees, all well maintained. Not one tree seems to be crooked, not one flower is not fully bloomed.

The bloom and the youth are full. I love the streets by Broadway, the streets of theaters and shows. Shpëtim now would have been fifty years old; he would have had a whole life to create. I cried for you as if you were dead; I waited for you as if you were alive.

People are all going some place. Those two girls are waiting by the theater. There, at that restaurant, they have placed candles on the tables creating a romantic atmosphere. I am meeting my children. It's now dark. The lights are shining fully. Everyone is going some place. Where did you take Shpëtim?

WILLIAM SHAKESPEARE:
Pjesë (1) nga "Antoni dhe Kleopatra".
Excerpt from "Antony and Cleopatra".
(Track13)

AKTI I DYTË
SKENA E DYTË
Romë. Një dhomë në shtëpinë e Lepidit.
(Hyjnë ENOBARBI dhe LEPIDI)
ENOBARBI

Po ju tregoj.
Anija, që e binte lumit, ndriste
Si fron i artë, pupa ish e praruar,
Lëshonin kaq parfume velat-purpur,   201
Sa era qe magjepsur krejt pas tyre.
Lopatat prej ergjendi mbanin ritmin.
Nën tinguj fyejsh dhe ujët llapashitnin,   204
Që pas u shkonte shpejt duke vrapuar,
Si t'ishte dashuruar me goditjet .
Ajo vetë as që përshkruhet. Veshur
Krejt n'ar, nën tendë ulur, më e bukur   208
Na dukej se statuja e Venusit.
Dhe anash me erashka ngjyra-ngjyra
Ca djem të qeshur si Kupidi rrinin.
S'ua ngrinte faqet fresk' i tyre, veç
Ua skuqte.

Act II, Scene II. A room in the house of Lepidus

DOMITIUS ENOBARBUS
I will tell you.
The barge she sat in, like a burnish'd throne,
Burn'd on the water: the poop was beaten gold;
Purple the sails, and so perfumed that
The winds were love-sick with them; the oars were silver,
Which to the tune of flutes kept stroke, and made
The water which they beat to follow faster,
As amorous of their strokes. For her own person,
It beggar'd all description: she did lie
In her pavilion—cloth-of-gold of tissue—
O'er-picturing that Venus where we see

The fancy outwork nature: on each side her
Stood pretty dimpled boys, like smiling Cupids,
With divers-colour'd fans, whose wind did seem
To glow the delicate cheeks which they did cool,
And what they undid did.

WILLIAM SHAKESPEARE:
Pjesë (2) nga "Antoni dhe Kleopatra".
Excerpt from "Antony and Cleopatra".
(Track14)

AKTI I KATËRT
SKENA E PESËMBËDHJETË

I njëjti vend. Një mauzole.
(Hyjnë lart KLEOPATRA, KARMIANA dhe IRA)
KLEOPATRA

Aspak më shumë se një grua që ndjenjë
E mjer' e ka pushtuar, porsi fshatarka
Që mjel dhe pret kujdes prej cilitdo.
Të mundja skeptrin perëndive mizorë   76
T'ua përplasja e t'u thoshja se
Ish bota jonë baraz me të tyren
Pa na e vjedhur ne diamantin! Por
Çdo gjë kot është: marrëzi - durimi   80
E qen i marrë është padurimi.
Mëkat vallë është vdekjes në shtëpi
T'i futesh para se të vijë vetë?
Gra, ç'keni? Ç'ke, Karmianë? Kokën lart,   84
Fisnike! Drita jonë u shua, u fik!
Kurajo, zotërinj! Le ta varrosim!
Pastaj fisnik e trim kush është, pas
Mënyrës s'lartë romake të veprojë!   88
Le të krenohet vdekja kur t'na marrë!
Lëvozhg' e shpirtit t'madh u ngri. Të shkojmë!
Oh, vajza, eni! Më asnjë mik s'mbeti,
Por do të vdesim trimërisht, pa frikë!
(Dalin. Ata që janë lart nxjerrin trupin e Antonit)

ACT IV
SCENE XV. The same. A monument.

CLEOPATRA
No more, but e'en a woman, and commanded
By such poor passion as the maid that milks
And does the meanest chares. It were for me
To throw my sceptre at the injurious gods;

To tell them that this world did equal theirs
Till they had stol'n our jewel. All's but naught;
Patience is scottish, and impatience does
Become a dog that's mad: then is it sin
To push into the secret house of death,
Ere death dare come to us? How do you, women?
What, what! good cheer! Why, how now, Charmian!
My noble girls! Ah, women, women, look,

Our lamp is spent, it's out! Good sirs, take heart:
We'll bury him; and then, what's brave, what's noble,
Let's do it after the high Roman fashion,
And make death proud to take us. Come, away:

WILLIAM SHAKESPEARE
Soneti XLVIII
(Track15)

Me sa kujdes, kur udhën pata marrë,
Me kyç çikrrimat unë i pata mbyllur,
T'i prekë nuk desha as një gënjeshtar
Ca sende krejt pa vlerë që kisha kyçur.

Por ti, që perlat kthen në send pa vlerë,
Që ngushullim më je dhe brengë e mall,
Që të kam shpirt e në kujdes përherë,
Për çdo kusar je pre në rrugë të madhe.

Ty nuk të mbylla në asnjë sëndyk,
Të lash atje ku s'je, por je përherë,
Të lash në kraharorin tim pa kyç,
Ku po të duash, hyn e del sa herë.

Se dhe aty të vjedhin kam ca frikë,
Gurin e çmuar e vjedh dhe një fisnik.

Sonnet XLVIII

How careful was I when I took my way,
Each trifle under truest bars to thrust,
That to my use it might unused stay
From hands of falsehood, in sure wards of trust!
But thou, to whom my jewels trifles are,
Most worthy comfort, now my greatest grief,
Thou best of dearest, and mine only care,
Art left the prey of every vulgar thief.
Thee have I not lock'd up in any chest,

Save where thou art not, though I feel thou art,
Within the gentle closure of my breast,
From whence at pleasure thou mayst come and part;
And even thence thou wilt be stol'n I fear,
For truth proves thievish for a prize so dear.
For truth proves thievish for a prize so dear.

Soneti L
(Track16)

Sa rëndë e kam që rrugën ta vazhdoj,
Kur mesi aq i lodhshëm u përshkua.
Me veten time flas edhe mendoj:
"Sa udhë u bë, aq zemra t'u largua".

E lodhur nga mjerimi që rëndon,
Kjo kafshë që më bart po ec javash,
Se me instinkt djallushka e kupton
S'ka qejf kalorësi nga ti ta ndash.

Mamuzet-gjak i ngulen në lëkurë,
Por kafsha hapin kurrë s'e nxiton,
Një hingëllimë nxjerr nga kjo munxyrë,
Që më fort se mamuzet po më shpon.

Ky kalë më kujton me hingëllimin:
Pas gazin lashë e para kam hidhërimin.

Sonnet L

How heavy do I journey on the way,
When what I seek, my weary travel's end,
Doth teach that ease and that repose to say,
'Thus far the miles are measured from thy friend!'
The beast that bears me, tired with my woe,
Plods dully on, to bear that weight in me,
As if by some instinct the wretch did know
His rider lov'd not speed being made from thee.
The bloody spur cannot provoke him on,
That sometimes anger thrusts into his hide,
Which heavily he answers with a groan,
More sharp to me than spurring to his side;
For that same groan doth put this in my mind,
My grief lies onward, and my joy behind.

JOHN GALSWORTHY:
Pjesë e shkeputur nga novela "Nje kalores".
Excerpt from the novel "A Knight"
(Track 17)

NJË KALORËS

… Ai u përkul përpara, duke u mbështetur me shuplaka mbi gjunjë. "Në atë kohë unë jetoja në Gjenovë dhe studjoja administrimin bankar. Garibaldi ishte njeri i mrekullueshëm! Nuk mund të mos i shkoja nga pas. Ai fliste shumë thjesht. Mund të thuash se kjo ishte njëlloj sikur një njeri trupdobët të ngrihet i vetëm kundër një turme djemsh të fuqishëm… Dhe unë shkova me të, ashtu sikurse do të shkonit edhe ju, po të ishit atje. Por nuk qëndrova shumë kohë me ta, pasi filloi lufta jonë dhe m'u desh të kthehesha në atdhe. – Ai e tha këtë me një ton të tillë, sikur që nga dita e krijimit të botës të mos kishte pasur tjetër vecse një luftë në botë. – Po, - vazhdoi ai i menduar, sikur të ishte duke arsyetuar me vete. – Që nga viti njëmijë e tetëqind e gjashtëdhjetë e deri ne vitin njëmijë e tetëqind e gjashtëdhjetë e pesë. Pa mendoni pak ! I shkreti vend ! Në shtetin tim, në Karolinën e Jugut, m'u desh t'i kaloja të gjitha, që nga fillimi deri në fund, të gjithë duhej të luftonim, armiku ishte tri herë më i madh se ne…

(John Galsworthy : « Shpetimi i Forsajtit », perktheu Cezar Kurti, Shtepia Botouse Naim Frasheri, Tirane 1973)

A KNIGHT

He leaned forward with his hands on his knees. "I was in Genoa at that time learning banking; Garibaldi was a wonderful man! One could not help it." He spoke quite simply. "You might say it was like seeing a little man stand up to a ring of great hulking fellows; I went, just as you would have gone, if you'd been there. I was not long with them—our war began; I had to go back home." He said this as if there had been but one war since the world began. "In '60," he mused, "till '65. Just think of it! The poor country. Why, in my State, South Carolina—I was through it all—nobody could be spared there—we were one to three."

(The Project Gutenberg EBook of Villa Rubein et al, by John Galsworthy).

CONTENTS OF CD

THE SOUNDS OF ALBANIAN
PART A
PHONETICS OF ALBANIAN

The letters of the Albanian alphabet and their pronunciation (Track01)
1. The pronunciation of the vowels (Track02)
2. The pronunciation of the consonants (Track03), (Track04), (Track05)
3. The diphtongs (Track06)
4. The stress (Track07)
5. Intonation (Track08)

PART B

The Readings of the First Nine Lessons
1. Mësimi i parë - Lesson 1
   Përshëndetjet - The greetings (Track09)
2. Mësimi i dytë - Lesson 2
   Njohja - Introduction (I) (Track1)
3. Mësimi i tretë - Lesson 3
      Njohja - Introduction (II) (Track2)
4. Mësimi i katërt - Lesson 4
  Në park - In the Park (Track3)
5. Mësimi i pestë - Lesson 5
  Në hotel - In the hotel (Track4)
6. Mësimi i gjashtë - Lesson 6
   Klima e Tiranës - The Tirane Climate (Track5)
7. Mësimi i shtatë - Lesson 7
   Ditët e javës dhe muajt - Days of the week and months (Track6)
8. Mësimi i tetë - Lesson 8
   Xhon Smithi mëson shqip - John Smith learns Albanian (Track7)
9. Mësimi i nëntë - Lesson 9
   Familja ime - My family (Track8)

PART C
FREE READINGS

1. Sami Frasheri
   Çfarë ka qenë Shqipëria? - What Has Albania Been? (Track9)
2. Naim Frasheri
   "O malet e Shqipërisë" - "You Albania's Mountains". (Track10)
3. Adelina Gina
   Pjesë e shkëputur (1) nga Novela: "Ku e Çuat Shpetimin", Kurti Publishing, New York 2004.
   Excerpt from the novel: "What you have done to him?" (Track11)
4. Adelina Gina
   Pjese e shkeputur (2) nga Tregimi: "Ku e Çuat Shpetimin", Kurti Publishing, New York 2002.
   Excerpt from the novel: "What have you done to him?" (Track12)
5. William Shakespeare:

Pjesë (1) nga "Antoni dhe Kleopatra".
Excerpt from "Antony and Cleopatra". (Track13)
6. William Shakespeare:
Pjesë (2) nga "Antoni dhe Kleopatra".
Excerpt from "Antony and Cleopatra". (Track14)
7. William Shakespeare
Soneti XLVI – Sonnet XLVI (Track15)
8. William Shakespeare
Soneti L – Sonnet L (Track16)
9. John Galsworthy:
Pjesë e shkeputur nga novela "Nje kalores".
Excerpt from the novel "A Knight". (Track17)

MEMBER OF SCABRINI GROUP

Québec, Canada
2006